GANZHEITLICH HEILEN

Buch

Immer mehr Ärzte verordnen die »Blüten, die durch die Seele heilen«, weil sie wissen, daß sie wirken, auch wenn sie nicht erklären können, warum. Die Blütenmittel enthalten nämlich nachweislich keinerlei pharmakologische Wirkstoffe. Doch die Bachblüten heilen nicht in erster Linie die körperlichen Symptome, sondern die seelischen Verstimmungen, die für den Ausbruch einer Krankheit verantwortlich sind. Die Blütenmittel, die Dr. Bach entdeckte, sind der Grundstock für die revolutionäre Therapieform, die nur nützen und niemals schaden kann. Mehr noch: Jeder Anfänger kann sie anwenden. Denn Dr. Bachs oberstes Prinzip war: Nur eine Methode, die so schlicht ist, daß sie jeder nachvollziehen kann, hat Aussicht auf Erfolg.

Wer die Heilungsphilosophie des Dr. Bach kennenlernen und die Wirkung der Bach-Essenzen an sich oder seinen Angehörigen ausprobieren möchte, bekommt mit diesem Buch das Wissen aus erster Hand, in einer neuen, zeitgemäßen Übersetzung.

Autor

Dr. Edward Bach (1886–1936) war Arzt in England. Bei seiner Suche nach einem umfassenderen Verständnis dessen, was einen gesunden, heilen Menschen ausmacht, wurde sein Blick auf die seelisch-körperliche Ganzheit des Menschen gelenkt. Die überragende Wirkung der von ihm begründeten Blütentherapie wird in letzter Zeit immer mehr erkannt und genutzt.

Bei Goldmann liegt von Dr. Edward Bach bereits vor:

Von der Homöopathie zu den Bachblüten (13902)

DR. EDWARD BACH

HEILE DICH SELBST: DIE 38 BACHBLÜTEN

Mit Kommentar und Symptomregister
von Ute York

GANZHEITLICH HEILEN
GOLDMANN

Die Originalausgabe des Textes
»Heal Thyself« von Dr. Edward Bach erschien 1931
bei C. W. Daniel Co. Ltd., England.
Neu übersetzt von Gabriele Kuby.

Umwelthinweis:
Alle bedruckten Materialien dieses Taschenbuches
sind chlorfrei und umweltschonend.

Vollständige Taschenbuchausgabe November 1998

in der Verlagsgruppe Bertelsmann GmbH
Umschlaggestaltung: Design Team München
Umschlagfoto: Mauritius
Druck: Elsnerdruck, Berlin
Verlagsnummer: 14150
Redaktion: Gerhard Juckoff
WL · Herstellung: Katharina Storz/Str
Made in Germany
ISBN 3-442-14150-8

1 3 5 7 9 10 8 6 4 2

Inhalt

Dieses Buch ist allen gewidmet,
die körperlich oder seelisch leiden

TEIL I

Dr. Edward Bach

HEILE DICH SELBST

Eine Erklärung der wirklichen Ursache und Heilung von Krankheit

1

Es ist nicht der Zweck dieses Buches, den Eindruck zu erwecken, die Heilkunst sei nicht notwendig; eine solche Absicht liegt ihm völlig fern. Aber es besteht, bei aller Bescheidenheit, die Hoffnung, daß es Menschen, die leiden, dazu führen möge, in sich selbst die Ursachen ihrer Beschwerden zu suchen, so daß sie ihre Heilung selbst fördern können. Darüber hinaus besteht die Hoffnung, daß jene Menschen in der medizinischen Profession und in religiösen Orden, denen das Wohlergehen der Menschheit am Herzen liegt, ihre Anstrengungen zur Erleichterung des menschlichen Leidens verdoppeln mögen, um so schneller den Tag zu erreichen, an dem der vollständige Sieg über die Krankheit errungen sein wird.

Der Hauptgrund für das Versagen der modernen Medizin besteht darin, daß sie sich mit Ergebnissen befaßt und nicht mit Ursachen. Seit vielen Jahrhunderten wird das wahre Wesen der Krankheit vom Materialismus verschleiert, so daß ihr Tür und Tor geöffnet wurden, ihre Raubzüge auszuweiten, da sie nicht an der Wurzel angegriffen wurde. Die Situation ist so, als hätte sich ein Feind in den Hügeln verschanzt, der ständig Guerillaattacken gegen die umliegenden Dörfer führt, deren Bewohner aber die befestigten Stellungen des Feindes ignorieren und sich damit begnügen, die beschädigten Häuser zu reparieren und die Toten zu begraben, die auf das Konto der Überfälle der Guerillakämpfer gehen. In dieser Situation befindet sich im großen und ganzen die heutige Medizin; sie tut nicht mehr, als die Verletzten zusammenzuflicken und die Getöteten zu begraben, ohne daß der Festung des Gegners auch nur ein Gedanke zugewendet würde.

Durch die gegenwärtigen materialistischen Methoden kann Krankheit niemals geheilt oder ganz überwunden werden, aus dem einfachen Grund, weil Krankheit in ihrem Ursprung nicht materiell ist. Was wir Krankheit nennen, ist das im Körper hervortretende Endprodukt tief und lang wirkender Kräfte, und selbst wenn eine rein physische Behandlung erfolgreich zu sein scheint, so ist dies nicht mehr als eine vorübergehende Erleichterung, sofern nicht die wirkliche Ursache behoben worden ist. Der moderne Trend der medizinischen Wissenschaft mißdeutet das wahre Wesen der Krankheit, das sie in materialistischen Begriffen ganz im physischen Körper sucht; dadurch hat sie die Macht der Krankheit enorm gesteigert, indem sie erstens die Gedanken der Menschen von deren wahrer Ursache abgelenkt hat und damit von der wirksamen Methode ihrer Bekämpfung und indem sie zweitens durch die Lokalisierung von Krankheit im Körper die Hoffnung auf Genesung vereitelt und somit einen machtvollen Angstkomplex geschaffen hat, der sich nie hätte entwickeln dürfen.

Krankheit ist ihrem Wesen nach das Ergebnis eines Konflikts zwischen Seele und Geist und wird niemals behoben werden, es sei denn durch eine spirituelle und mentale Anstrengung. Derartige Anstrengungen, wenn sie richtig und mit Verstand unternommen werden, können – wie wir später sehen werden – Krankheit heilen und ihr vorbeugen, indem sie die Grundfaktoren beseitigen, die ihre eigentliche Ursache sind. Kein Bemühen, das sich nur auf den Körper richtet, kann etwas anderes als oberflächliche Schadensreparatur sein; darin ist keine Heilung zu finden, weil die Ursache immer noch wirkt und jeden Augenblick in einer anderen Form zum Ausdruck kommen kann. Tatsache ist, daß scheinbare Genesung in vielen Fällen schädlich ist, da sie dem Patienten die wahren Ursachen seiner Beschwerden verschleiert; in der Befriedigung über die scheinbar wiedergewonnene Gesundheit bleibt der wirkliche Faktor unbeachtet und kann dadurch an Stärke gewinnen.

Stellen Sie solchen Fällen einen Patienten gegenüber, der Einsicht in das Wesen der schädlichen geistigen oder psychischen Kräfte hat oder von einem weisen Arzt darüber belehrt wurde, wie diese Kräfte das hervorgerufen haben, was wir Krankheit im physischen Körper nennen. Wenn der Patient sich darum bemüht, diese Faktoren direkt zu neutralisieren, dann verbessert sich die Gesundheit, und die Krankheit verschwindet, sobald der Prozeß zu Ende geführt ist. Das ist wahre Heilung durch den Angriff auf die Festung des Gegners, das heißt auf die eigentliche Ursache des Leidens.

Eine Ausnahme von den materialistischen Methoden der modernen Wissenschaft macht der große Hahnemann, der Gründer der Homöopathie. Nachdem er die gütige Liebe des Schöpfers und die Göttlichkeit, die in jedem Menschen wohnt, erkannt hatte, erforschte er die geistige Einstellung seiner Patienten zum Leben, zur Umgebung und zu ihren jeweiligen Krankheiten und unternahm es, unter den Kräutern auf dem Feld und in den Reichen der Natur das Heilmittel zu finden, das nicht nur ihren Körper heilen, sondern gleichzeitig ihre seelische Einstellung zum Leben positiv verändern würde. Möge seine Wissenschaft von wahren Ärzten weiterentwickelt werden, die in ihrem Herzen die Liebe zur Menschheit tragen.

Einige Ärzte im alten Indien, die 500 Jahre vor Christus unter dem Einfluß des Buddha arbeiteten, erlangten in der Heilkunst eine so hohe Ebene der Perfektion, daß sie gänzlich auf Chirurgie verzichten konnten, obwohl die Chirurgie ihrer Zeit ebenso effektiv, wenn nicht noch effektiver war als heute. Männer wie Hippokrates mit seinen großen Idealen des Heilens, Paracelsus mit seiner Überzeugung von der göttlichen Natur des Menschen und Hahnemann mit der Erkenntnis, daß die Ursache von Krankheit in einer dem physischen übergeordneten Ebene liegt – sie alle wußten viel über das wahre Wesen von Krankheit und deren Heilung. Wieviel unermeßliches Leiden hätte in den letzten 20 oder 25 Jahrhunderten vermieden werden können, wären die Lehren dieser großen Meister der Heilkunst befolgt worden; aber der Materialismus hat – wie in anderen Bereichen auch – die westliche Welt so sehr und über so lange Zeit in seinen Bann gezogen, daß die Stimmen der Widersacher den Rat jener übertönten, die die Wahrheit erkannt hatten.

In Kürze sei gesagt, daß Krankheit, obwohl sie anscheinend so grausam ist, doch in Wirklichkeit wohltätig und zu unserem Guten ist, da sie uns, sofern sie richtig gedeutet wird, zu unseren wesentlichen Fehlern führt. Wird sie richtig behandelt, so führt sie zur Beseitigung dieser Fehler und macht uns besser und größer, als wir vorher waren. Leiden ist ein Korrektiv, um uns eine Lektion zu lehren, die wir durch andere Mittel nicht begriffen haben, und wir werden niemals davon frei werden, es sei denn, wir lernen die Lektion. Es sei auch gesagt, daß jene, die fähig sind, die warnenden Symptome zu verstehen und ihre Bedeutung zu erkennen, den Ausbruch einer Krankheit vermeiden und sie schon im Keim ersticken können, sofern die richtigen spirituellen und mentalen Bemühungen zur Korrektur unternommen werden. Auch muß niemand verzweifeln, wie ernst ein Fall auch sein mag, denn die Tatsache, daß dem Individuum noch physisches Leben gewährt ist, zeigt, daß die Seele, die ihn lenkt, nicht ohne Hoffnung ist.

2

Wenn wir das Wesen der Krankheit verstehen wollen, müssen wir bestimmte Grundwahrheiten anerkennen.

Die erste Wahrheit ist, daß der Mensch eine Seele hat, die sein wirkliches Selbst ist; daß er ein göttliches, machtvolles Wesen ist, ein Sohn des Schöpfers aller Dinge, von denen der Körper, obwohl er der irdische Tempel der Seele ist, nur eine kleine Reflexion darstellt; daß unsere Seele, unsere Göttlichkeit, die in uns und in der uns umgebenden Welt wohnt, unser Leben in die göttliche Ordnung einfügt und uns – in dem Maß, in dem wir es zulassen – in Seiner Güte führt, schützt, ermutigt und über uns wacht, um uns immer zu unserem Besten zu führen; daß Er, unser höheres Selbst, das ein Funke des Allmächtigen ist, folglich unbesiegbar und unsterblich ist.

Das zweite Prinzip besteht darin, daß wir zu dem Zweck hier auf der Welt sind, um alles Wissen und alle Erfahrung zu sammeln, die durch unsere irdische Existenz erworben werden können, um Tugenden zu entwickeln, die uns fehlen, und all das auszumerzen, was in uns falsch ist, und dadurch in der Vervollkommnung unseres Wesens voranzuschreiten. Die Seele weiß, welche Umgebung und welche Umstände uns dies am besten ermöglichen, und deswegen stellt Er uns im Leben an den Ort, der für diesen Zweck am besten geeignet ist.

Drittens müssen wir erkennen, daß der kurze Durchgang auf dieser Erde, den wir Leben nennen, nur ein Augenblick im Laufe unserer Evolution ist, so wie ein Schultag im Verhältnis zum ganzen Leben. Obwohl wir gegenwärtig nur diesen einen Tag sehen und begreifen können, sagt uns unsere Intuition, daß die Geburt unendlich weit von unserem Anfang entfernt ist und der Tod unendlich weit von unserem Ende. Unsere Seele, die wir in Wirklichkeit sind, ist unsterblich, und der Körper, der uns bewußt ist, ist vergänglich, er ist nur ein Pferd, auf dem wir reiten, um eine Reise zu machen, oder ein Werkzeug, das wir benutzen, um ein Stück Arbeit zu tun.

Dann folgt ein viertes großes Prinzip: Solange sich unsere Seele und unsere Persönlichkeit in Harmonie befinden, herrschen Freude und Frieden, Glück und Gesundheit. Ein Konflikt entsteht dann, wenn unsere Persönlichkeit in die Irre geleitet wird, sei es durch unsere weltlichen Begierden oder durch den Einfluß anderer. Dieser Konflikt ist die Wurzel und Ursache von Krankheit und Unglück. Was unsere Arbeit in der Welt auch sein mag – seien wir Stiefelputzer oder Herrscher, Grundbesitzer oder Bauern, reich oder arm –, solange wir bei dieser Arbeit dem Diktat unserer Seele gehorchen, ist alles gut. Wir dürfen sicher sein, daß jedwede Lebenssituation, in die wir gestellt werden, sei sie fürstlich oder ärmlich, die Lektionen und Erfahrungen enthält, die in diesem Augenblick unserer Evolution notwendig sind und uns die beste Möglichkeit zur Weiterentwicklung bieten.

Das nächste große Prinzip ist die Erkenntnis der Einheit aller Dinge: daß der Schöpfer aller Dinge Liebe ist und daß alles, was wir wahrnehmen, in seiner unendlichen Formenvielfalt eine Manifestation dieser Liebe ist, sei es ein Planet oder ein Kieselstein, ein Stern oder ein Tautropfen, der Mensch oder die niedrigste Form des Lebens. Vielleicht ist es möglich, etwas von dieser Erkenntnis zu erahnen, wenn wir uns vorstellen, daß unser Schöpfer eine riesige flammende Sonne der Gnade und Liebe ist, aus deren Zentrum unendlich viele Strahlen in alle Richtungen ausgehen, und daß wir und alles, dessen wir uns bewußt sind, Teilchen am Ende dieser Strahlen sind, die ausgesendet wurden, um Erfahrung und Wissen zu sammeln und letztlich in das große Zentrum zurückzukehren. Und obwohl uns jeder Strahl als einzelner erscheinen mag, ist er in Wirklichkeit doch Teil der großen zentralen Sonne. Trennung ist unmöglich, denn sobald ein Lichtstrahl von seiner Quelle getrennt wird, hört er auf zu existieren. So begreifen wir vielleicht ein wenig von der Unmöglichkeit des Getrenntseins, denn obwohl jeder seine einzigartige Individualität hat, ist er dennoch ein Teil der großen, zentralen schöpferischen Kraft. Deswegen hat jede Handlung gegen uns selbst oder gegen einen anderen Auswirkung auf das Ganze; Unvollkommenheit in einem Teil wirkt sich aus auf das Ganze, das in jedem seiner Teile letztlich vollkommen werden muß.

Wir sehen also, daß es zwei große mögliche Grundfehler gibt: Spaltung zwischen unserer Seele und unserer Persönlichkeit und Grausamkeit oder Schädigung von anderen, denn das ist eine Sünde wider die Einheit. Beides bringt Konflikt mit sich, der zu

Krankheit führt. Einsicht in unsere Fehler (die wir sooft nicht erkennen) und ein ernstes Bemühen, unser Verschulden zu korrigieren, wird nicht nur zu einem Leben der Freude und des Friedens führen, sondern auch zu Gesundheit.

Krankheit ist als solche wohltätig, denn ihr Zweck ist es, unsere Persönlichkeit mit dem göttlichen Willen der Seele wieder zu vereinen; es gäbe keine Notwendigkeit für die ernsten Lektionen des Leidens, wenn wir nur unsere Fehler erkennen und durch spirituelle und gedankliche Mittel korrigieren würden. Die göttliche Kraft gibt uns jede Gelegenheit, unseren Lebenswandel zu bessern, bevor, als letztes Mittel, Schmerz und Leiden angewandt werden müssen. Es sind nicht unbedingt nur die Fehler dieses Lebens, dieses Schultages, gegen die wir ankämpfen; obwohl unser physischer Verstand sich der Gründe unseres Leidens nicht bewußt ist, das uns grausam und grundlos erscheinen mag, so kennt doch unsere Seele (die wir sind) den tiefen Zusammenhang und führt uns zu unserem Besten. In jedem Fall würde die Erkenntnis unserer Fehler und deren Korrektur unsere Krankheit abkürzen und uns in die Gesundheit zurückführen. Erkenntnis des Ziels der Seele und Hingabe an dieses Ziel bedeutet Erlösung aus irdischem Leid und Kummer und schenkt uns die Möglichkeit, uns in unserer Evolution in Freiheit und Glück fortzuentwickeln.

Es gibt also zwei große Fehler: erstens, das Diktat unserer Seele nicht zu respektieren und ihm nicht zu gehorchen, und zweitens, sich gegen die Einheit zu vergehen. Ersteres verlangt, Urteile über andere unbedingt zu vermeiden, denn was für den einen richtig ist, ist für den anderen falsch. Ein Kaufmann, dessen Arbeit darin besteht, ein großes Geschäft aufzubauen und dies nicht nur zu seinem eigenen Nutzen, sondern für alle, die bei ihm angestellt sind, lernt dadurch, Effizienz und Kontrolle und die damit einhergehenden Tugenden zu entwickeln; ein solcher Mann muß notwendigerweise andere Qualitäten in sich ausbilden als eine Krankenschwester, die ihr Leben in der Fürsorge für Kranke aufopfert. Und doch erwerben beide, sofern sie dem Diktat ihrer Seele gehorchen, jene Qualitäten, die für ihre Evolution notwendig sind. Worauf es ankommt, ist, den Befehlen unserer Seele, unseres höheren Selbst, zu gehorchen; dies lernen wir durch Gewissen, Instinkt und Intuition.

Wir sehen, daß Krankheit aufgrund dieser wesenhaften Prinzipien sowohl vermeidbar wie heilbar ist und daß die Arbeit spiritueller Heiler und Ärzte darin besteht, dem Leidenden außer der Gabe materieller Medizin Einsicht in seinen falschen Lebenswandel zu vermitteln und in die Art und Weise, wie diese Fehler beseitigt werden können, um ihn so zu Gesundheit und Freude zurückzuführen.

3

Was wir als Krankheit bezeichnen, ist das Endstadium einer viel tieferen Störung. Es liegt deswegen auf der Hand, daß man nur dann vollständigen Erfolg bei der Behandlung haben kann, wenn man sich nicht nur mit dem Endergebnis befaßt, sondern mit den eigentlichen Ursachen. Es gibt einen Grundfehler des Menschen, nämlich gegen die Einheit zu handeln; das entspringt der Eigenliebe. Wir können auch sagen, daß es ein Hauptübel gibt, nämlich Krankheit oder körperliches Leiden. Und so wie das Handeln gegen die Einheit in verschiedene Typen unterteilt werden kann, so kann auch Krankheit – das Ergebnis dieser Handlungen – in Hauptgruppen entsprechend ihrer Ursachen unterteilt werden. In der Art der Krankheit findet man nützliche Hinweise darauf, welche Art von Vergehen gegen das göttliche Gesetz der Liebe und Einheit ihr zugrunde liegt.

Wenn wir in unserem Wesen genügend Liebe zu allem und jedem haben, dann können wir keinen Schaden zufügen, denn diese Liebe würde unserer Hand bei jeder Handlung und unserem Geist bei jeder Idee, die einem anderen schaden könnte, Einhalt gebieten. Aber wir haben diesen Zustand der Vollkommenheit noch nicht erreicht; hätten wir das, so gäbe es keine Notwendigkeit für unsere Existenz auf dieser Erde. Wir alle streben nach diesem Zustand, und jene von uns, die an Seele oder Körper leiden, werden gerade durch dieses Leiden zu dem idealen Ziel geführt. Wenn wir es nur richtig deuten, dann werden wir unsere Schritte nicht nur in Richtung auf das Ziel beschleunigen, sondern uns auch vor Krankheit und Kummer bewahren. Sobald die Lektion verstanden und der Fehler beseitigt ist, bedarf es keiner Korrektur mehr. Halten wir im Gedächtnis, daß Leiden als solches wohltätig ist, denn es ist ein Signal dafür, daß wir den falschen Weg beschreiten, und beschleunigt unsere Evolution zu ihrer herrlichen Vollendung.

Die primären Krankheiten des Menschen sind Fehler wie Stolz, Grausamkeit, Haß, Selbstliebe, Unwissenheit, Labilität und Gier. Betrachtet man diese Fehler, so wird man feststellen, daß sie der Einheit entgegenstehen. Nachdem wir eine Entwicklungsstufe erreicht haben, auf der wir sie als falsch erkennen, ist es das Fortführen und Beharren auf solchen Fehlern, was im Körper die schlimmen Folgen herbeiführt, die wir Krankheit nennen.

Stolz beruht auf einem Mangel an Einsicht in die Kleinheit der Persönlichkeit und ihre vollständige Abhängigkeit von der Seele und in die Tatsache, daß alle Erfolge, die die Persönlichkeit vielleicht haben mag, nicht ihr Verdienst sind, sondern Segnungen, die ihr vom göttlichen Selbst zukommen; zweitens beruht er auf einem Verlust des Sinns für Proportion, der uns die eigene Geringfügigkeit inmitten des Schöpfungsplanes erkennen ließe. Da Stolz sich immer weigert, sich in Demut und Ergebung dem Willen Gottes zu beugen, verübt er Handlungen, die diesem Willen entgegenstehn.

Grausamkeit ist eine Leugnung der allumfassenden Einheit und die Unfähigkeit zu begreifen, daß jede Handlung, die einem anderen schadet, zum Ganzen in Widerspruch steht und folglich ein Vergehen gegen die Einheit darstellt. Kein Mensch würde solch schädigende Handlungen gegen jene richten, die ihm lieb und teuer sind. So verlangt das Gesetz der Einheit, daß wir in der Erkenntnis wachsen, daß jeder als Teil des Ganzen unsere Liebe und Wertschätzung verdient, bis auch unsere Feinde nur Gefühle der Liebe und des Mitleids in uns hervorrufen.

Haß ist das Gegenteil von Liebe, die Umkehrung des Gesetzes der Schöpfung. Er steht in Widerspruch zu dem ganzen göttlichen Plan und ist eine Leugnung des Schöpfers; er führt zu Handlungen und Gedanken, die der Einheit entgegenwirken und das Gegenteil von dem sind, was die Liebe fordert.

Selbstliebe ist ebenfalls eine Leugnung der Einheit und der Pflicht gegenüber unseren Mitmenschen, indem wir unsere eigenen Interessen über das Wohl der Menschheit stellen und über die Hege und den Schutz jener, die in unserer unmittelbaren Umgebung sind.

Unwissenheit ist die Weigerung, zu lernen und die Wahrheit zu erkennen, wenn sich die Gelegenheit dazu bietet. Sie führt zu vielen falschen Handlungen, die nur in der Finsternis möglich sind und nicht geschehen können, wenn wir vom Licht der Wahrheit und der Erkenntnis umgeben sind.

Labilität, Unentschiedenheit und Schwäche in der Zielorientierung entstehen, wenn die Persönlichkeit sich weigert, sich von dem höheren Selbst leiten zu lassen. Diese Schwäche führt uns dazu, andere zu verraten. Ein solcher Zustand wäre nicht möglich, wären wir der unbesiegbaren, unüberwindbaren Göttlichkeit gewahr, die wir in Wirklichkeit sind.

Gier äußert sich in Machtstreben. Sie ist eine Leugnung der Freiheit und Individualität jeder Seele. Anstatt zu erkennen, daß jeder von uns hier auf Erden weilt, um sich, dem Diktat seiner Seele folgend, frei zu entwickeln, seine Individuation voranzutreiben und frei und unbehindert zu arbeiten, will die Persönlichkeit mit Gier herrschen, formen und befehlen und usurpiert damit die Allmacht des Schöpfers.

Derart sind die Beispiele für wirkliche Krankheit, den Ursprung und die Basis all unserer Leiden und unseres Kummers. Jeder dieser Mängel wird, sofern gegen die Stimme des höheren Selbst daran festgehalten wird, einen Konflikt erzeugen, der sich mit Notwendigkeit im physischen Körper in einer für ihn typischen Erkrankung zeigt.

Wir sehen jetzt, daß jede Art von Krankheit, an der wir leiden mögen, uns dazu führen wird, den Fehler zu entdecken, der hinter den Beschwerden liegt. Zum Beispiel führt Stolz, die Arroganz und Starrheit des Geistes, zu Krankheiten, die sich als Rigidität und Steifheit im Körper zeigen. Schmerz ist das Ergebnis von Grausamkeit; durch sein persönliches Leiden lernt der Patient, es keinem anderen zuzufügen, weder physisch noch psychisch. Die Strafen für Haß sind Einsamkeit, gewaltsame, unbeherrschbare Wutausbrüche, extreme Nervosität und Zustände von Hysterie. Die Krankheiten der Introspektion – Neurose, Neurasthenie und ähnliche Befunde –, die dem Leben seine Freude rauben, werden von exzessiver Selbstliebe verursacht. Unwissenheit und Mangel an Weisheit führen zu Schwierigkeiten im täglichen Leben. Verweigert die Person beharrlich, die Wahrheit zu sehen, wenn die Gelegenheit dazu da ist, dann sind Kurzsichtigkeit und eine Beeinträchtigung des Seh- und Hörvermögens die natürliche Folge. Psychische Labilität zieht den gleichen Zustand im Körper nach sich: die vielfältigen Störungen von Bewegung und Koordination. Das Ergebnis von Gier und Machtausübung über andere sind Krankheiten, die den Leidenden zu einem Sklaven seines eigenen Körpers machen, mit Begierden und Sehnsüchten, die wegen der Krankheit nicht ausgelebt werden können.

Darüber hinaus ist es kein Zufall, welcher Körperteil befallen wird, vielmehr geschieht es in Übereinstimmung mit dem Gesetz von Ursache und Wirkung und kann uns wiederum als hilfreicher Hinweis dienen. Zum Beispiel wird das Herz, die Quelle des Lebens und der Liebe, angegriffen, wenn insbesondere die

Liebe zur Menschheit nicht entwickelt ist oder falsch benutzt wird. Eine kranke Hand weist auf Versagen oder falsches Handeln hin. Wird das Gehirn befallen, das Zentrum der Kontrolle, so zeigt das einen Mangel an Beherrschung der Persönlichkeit. Das sind die gesetzmäßigen Folgen. Wir können alle die Konsequenzen sehen, die ein Wutausbruch hat oder der Schock einer schlechten Nachricht. Wenn Trivialitäten eine solche Wirkung auf den Körper haben können, wieviel ernster und tiefgehender ist dann ein anhaltender Konflikt zwischen Seele und Körper! Ist es dann erstaunlich, daß als Ergebnis so schlimme Krankheiten entstehen, wie sie heute unter uns verbreitet sind?

Aber es gibt deswegen keinen Grund zur Niedergeschlagenheit. Die Vorbeugung und Heilung der Krankheit geschieht dadurch, daß wir den Fehler in uns selbst entdecken und dadurch ausmerzen, daß wir ernsthaft die Tugend in uns entwickeln, die ihn zerstören wird, nicht indem wir gegen das Schlechte kämpfen, sondern dadurch, daß wir es mit einer Flut der gegensätzlichen Tugend aus unserem Charakter fortspülen.

4

Wir stellen also fest, daß an Krankheit nichts Zufälliges ist, weder an der Art der Krankheit noch an dem Körperteil, der davon befallen wird. Wie alle anderen Erscheinungsformen von Energie folgt sie dem Gesetz von Ursache und Wirkung. Gewisse Krankheiten können durch direkte physische Ursachen hervorgerufen werden, etwa durch Gifte, Unfälle, Verletzungen und grobe Exzesse. Aber im allgemeinen ist Krankheit die Folge einiger grundlegender Fehler in unserer Persönlichkeit, wie in den bereits angeführten Beispielen gezeigt.

Zur vollständigen Heilung genügt es deswegen nicht, nur physische Mittel anzuwenden, selbst wenn wir immer die besten

Methoden wählen, die der Heilkunst bekannt sind, sondern wir selbst müssen uns mit all unseren Kräften bemühen, jedweden Fehler in unserem Wesen zu beseitigen. Endgültige und vollständige Heilung kommt letztlich von innen, von der Seele, die durch Seine Güte in der ganzen Persönlichkeit Harmonie ausstrahlt, wenn man sie nur läßt.

Wie es eine grundlegende Ursache für alle Krankheiten gibt, nämlich die Selbstliebe, so gibt es auch eine grundlegende und sichere Methode, alles Leiden zu beseitigen, und das ist die Umkehr der Selbstliebe in Hingabe an andere. Wenn wir die Qualität der hingebungsvollen Liebe und Fürsorge für die Menschen in unserer Umgebung hinreichend entwickeln und uns auf das herrliche Abenteuer einlassen, Wissen zu erwerben und anderen zu helfen, dann kommen unsere persönlichen Leiden und Beschwerden schnell zu ihrem Ende. Dies ist das große letztendliche Ziel: das Verlieren unserer Eigeninteressen im Dienst an der Menschheit. Es ist unerheblich, in welche Lebenssituation uns unsere Göttlichkeit gestellt hat. Ob wir in Handel und Gewerbe tätig, reich oder arm, König oder Bettler sind, für jeden und für alle ist es möglich, ihrer jeweiligen Berufung zu folgen und dabei ein Segen für ihre Umgebung zu sein, indem sie die göttliche Liebe der Brüderlichkeit ausstrahlen.

Aber die meisten von uns müssen noch ein Stück des Weges reisen, bevor wir diesen Grad der Vollkommenheit erreicht haben, obwohl es erstaunlich ist, wie schnell sich ein Individuum in dieser Richtung entwickeln kann, wenn es sich ernsthaft bemüht. Vorausgesetzt, der Mensch vertraut nicht nur auf seine schwache Persönlichkeit, sondern glaubt fest daran, daß er durch das Beispiel und die Lehre der großen Meister der Welt befähigt wird, sich mit seiner Seele zu vereinen, mit der Göttlichkeit im Inneren, dann werden alle Dinge möglich. In den meisten von uns gibt es einen oder mehrere Defekte, die unserem Fortschritt besonders im Wege stehen, und es sind diese Fehler, auf die wir unser Augenmerk ganz besonders richten müssen. Während wir danach streben, die Liebe in unserem Charakter zu entwickeln und in die Welt auszustrahlen, müssen wir uns gleichzeitig bemühen, uns von solchen Fehlern dadurch zu reinigen, daß wir unseren Charakter mit der gegenteiligen Tugend überfluten. Am Anfang ist das vielleicht etwas schwierig, aber nur ganz am Anfang, denn es ist erstaunlich, wie schnell wir in einer Tugend wachsen können in der Erkenntnis, daß mit Hilfe der Göttlichkeit in unserem Inneren ein Fehlschlag unmöglich ist, sofern wir nur beharrlich sind.

Durch die Entwicklung universaler Liebe in unserem Inneren können wir mehr und mehr erkennen, daß jeder Mensch, wie niedrig er auch stehen mag, ein Sohn des Schöpfers ist und daß er eines Tages, wenn die Zeit reif ist, ebenso zur Vollkommenheit gelangen wird, wie wir alle es erhoffen. Wie niedrig ein Mensch oder ein Wesen auch erscheinen mag, wir müssen uns daran erinnern, daß in ihm ein göttlicher Funke steckt, der langsam, aber sicher wachsen wird, bis die Herrlichkeit des Schöpfers sein Wesen durchstrahlt.

Im übrigen ist die Frage von richtig oder falsch, von gut und böse, völlig relativ. Das, was für die natürliche Evolution eines Ureinwohners richtig ist, wäre für den aufgeklärteren Menschen unserer Zivilisation falsch, und das, was für uns eine Tugend ist, könnte bei einem, der zum Jünger eines Meisters geworden ist, fehl am Platz und damit falsch sein. Was wir falsch oder böse nennen, ist in Wirklichkeit Gutes an der falschen Stelle und folglich völlig relativ. Machen wir uns auch bewußt, daß unser idealistischer Standard ebenfalls völlig relativ ist. Den Tieren müssen wir wie wahrhaftige Götter erscheinen, während wir doch weit unter den Heiligen und Märtyrern der großen Weißen Bruderschaft stehen, die alles gegeben haben, um ein Vorbild für uns zu sein. Deswegen müssen wir Barmherzigkeit und Mitgefühl für den Niedrigsten haben, denn auch, wenn wir meinen, weit über ihn erhaben zu sein, sind wir doch eine Winzigkeit und haben noch eine lange Reise vor uns, bis wir die Stufe unserer älteren Brüder erreichen, deren Licht zu allen Zeiten die Welt erleuchtet.

Wenn wir von Stolz heimgesucht werden, dann laßt uns erkennen, daß unsere Persönlichkeit als solche nichts ist, unfähig, irgendeine gute Arbeit oder einen brauchbaren Dienst zu leisten oder den Mächten der Finsternis zu widerstehen, sofern ihr nicht das Licht, das von oben kommt, das Licht unserer Seele, beisteht. Wenn man auch nur einen Schimmer von der Allmacht und unfaßlichen Größe unseres Schöpfers wahrnimmt, der in einem Tropfen Wasser eine vollkommene Welt erschafft und Systeme von Welten in Welten, dann können wir die Demut erkennen, die wir Ihm schulden, und unsere vollständige Abhängigkeit von Ihm. Wir lernen, den Menschen, die über uns stehen, Respekt zu zollen; wie unendlich viel mehr müssen wir unsere Schwachheit mit größter Demut vor dem großen Architekten dieses Universums bekennen!

Falls Grausamkeit oder Haß unseren Fortschritt hindern, dann wollen wir uns daran erinnern, daß Liebe die Grundlage der Schöpfung ist, daß es in jeder lebenden Seele etwas Gutes gibt und in den Besten von uns etwas Schlechtes. Indem wir das Gute in anderen suchen, selbst in denen, die wir zunächst verabscheuen, werden wir zumindest lernen, Mitgefühl zu entwickeln und die Hoffnung, daß sie bessere Wege einschlagen mögen. Dann wird das Bedürfnis entstehen, ihnen dabei zu helfen. Der letztendliche Sieg wird durch Liebe und Sanftmut erlangt; haben wir diese Qualitäten hinreichend in uns entwickelt, wird uns nichts und niemand etwas anhaben können, da wir immer Mitgefühl empfinden und keinen Widerstand mehr entgegensetzen. Denn aufgrund desselben Gesetzes von Ursache und Wirkung ist es der Widerstand, der Schaden bringt. Unser Ziel im Leben ist es, der Führung des höheren Selbst zu gehorchen, unbeirrt vom Einfluß anderer; das kann nur erreicht werden, wenn wir sanft unserem eigenen Weg folgen und uns dabei niemals in die Persönlichkeit eines anderen einmischen und keinen Schaden durch Grausamkeit oder Haß anrichten. Wir müssen uns bemühen, Liebe zu anderen zu lernen; das können wir mit einem anderen Menschen oder sogar einem Tier beginnen, bis diese Liebe so gewachsen ist, daß die ihr entgegengesetzten Schwächen und Fehler automatisch verschwinden. Liebe erzeugt Liebe, und Haß erzeugt Haß.

Die Heilung von Eigenliebe geschieht dadurch, daß wir von der Fürsorge und Aufmerksamkeit, die wir uns selbst schenken, einen Teil nach außen zu anderen wenden, bis uns deren Wohlergehen so sehr am Herzen liegt, daß wir uns selbst dabei vergessen. Um es in den Worten einer großen Bruderschaft zu sagen: »Wir suchen Trost für unsere eigenen Kümmernisse, indem wir unseren Mitmenschen in der Stunde ihrer Bedrängnis Trost und Erleichterung verschaffen.« Es gibt keine bessere Methode, um Eigenliebe zu heilen und die Störungen, die daraus resultieren.

Labilität kann durch die Entwicklung von Selbstbestimmung überwunden werden, indem man einen definitiven Entschluß faßt und ihn ohne Schwanken und Zögern durchführt. Selbst wenn wir am Anfang manchmal Fehler machen, ist es besser zu handeln, als Chancen aus Unentschlossenheit zu versäumen. Die Entschlossenheit wird bald wachsen, die Angst, sich ins Leben zu stürzen, wird verschwinden, und die gewonnenen Erfahrungen werden unsere Urteilsfähigkeit verbessern.

Um Unwissenheit auszumerzen, dürfen wir uns wiederum nicht vor Erfahrungen scheuen, sondern müssen bereit sein, mit wachem Geist und weit offenen Augen und Ohren jedes bißchen Wissen aufzunehmen. Dabei müssen wir gedanklich flexibel bleiben, damit uns keine Vorurteile oder alte Überzeugungen die Gelegenheit rauben, uns frisches und breiteres Wissen anzueignen. Wir sollten immer bereit sein, unseren Horizont zu erweitern und eine Idee, wie fest sie auch verwurzelt sein mag, fahrenzulassen, wenn durch neue Erfahrungen eine größere Wahrheit offenbar wird.

Wie Stolz ist auch Gier ein großes Hindernis für den Fortschritt, und beide müssen rückhaltlos beseitigt werden. Die Auswirkungen von Gier sind in der Tat sehr ernst, weil sie uns dazu verleitet, uns in die seelische Entwicklung unserer Mitmenschen einzumischen. Wir müssen einsehen, daß jedes Wesen hier ist, um seine Evolution gemäß dem Gebot seiner Seele und nur seiner Seele voranzutreiben, und daß keiner von uns etwas anderes tun darf, als unseren Bruder in dieser Entwicklung zu ermutigen. Wir müssen ihm helfen zu hoffen und, sofern es in unserer Macht steht, sein Wissen und seine weltlichen Möglichkeiten für seinen Fortschritt vergrößern. So wie wir uns wünschen, daß uns andere auf dem steilen und schwierigen Bergpfad des Lebens unterstützen, so mögen wir immer bereit sein, einem schwächeren und jüngeren Bruder eine helfende Hand zu reichen und ihm mit unserem größen Wissen zur Seite zu stehen. So sollte die Einstellung der Eltern zum Kind sein, vom Meister zum Schüler, von Gefährte zu Gefährte: die Bereitschaft, soweit nötig und zuträglich Fürsorge, Liebe und Schutz zu gewähren, dabei jedoch keinen Augenblick in die natürliche Evolution der Persönlichkeit einzugreifen, da diese von der Seele geführt werden muß.

Viele von uns stehen in der Kindheit und im frühen Leben unserer eigenen Seele viel näher als in späteren Jahren, mit klareren Vorstellungen von unserer Aufgabe im Leben, den Anstrengungen, die von uns erwartet werden, und dem Charakter, den wir entwickeln sollen. Der Grund dafür liegt darin, daß der Materialismus unseres gegenwärtigen Zeitalters und die Persönlichkeiten, mit denen wir verbunden sind, uns von der Stimme unseres höheren Selbst wegführen und uns fest an das Gewöhnliche binden mit seinem Mangel an Idealen, der in unserer Zivilisation nur allzu offensichtlich ist. Mögen Eltern, Meister und Gefährten immer danach streben, das Wachstum des höheren Selbst in denen zu fördern, die ihrem Einfluß anvertraut sind, mögen sie dabei dem anderen aber immer Freiheit gewähren, so wie sie für sich selbst Freiheit erhoffen.

So ist es also nötig, daß wir alle Mängel und Fehler in unserer Veranlagung aufspüren und uns von ihnen reinigen, indem wir die entgegengesetzte Tugend entwickeln; auf diese Weise beseitigen wir die Ursache für den Konflikt zwischen Seele und Persönlichkeit, der die Wurzel aller Krankheit ist. Nur ein solches Handeln wird, wenn der Patient Glauben und Stärke besitzt, Genesung, Gesundheit und Freude nach sich ziehen, und bei jenen, die nicht so stark sind, wird es die Arbeit des irdischen Arztes unterstützen und die gleichen Ergebnisse zeitigen.

Wir müssen in allem Ernst lernen, unsere Individualität gemäß dem Gebot unserer Seele zu entwickeln, keinen Menschen zu fürchten und darüber zu wachen, daß niemand unseren Evolutionsprozeß stört oder uns davon abbringt, unsere Pflicht zu erfüllen und unseren Mitmenschen zu helfen, in der Erkenntnis, daß wir um so mehr Segen über unsere Umwelt bringen, je weiter wir fortschreiten. Insbesondere müssen wir darauf achten, wenn wir anderen Menschen helfen, wer immer sie auch sein mögen, daß der Wunsch zu helfen vom inneren Selbst diktiert wird und nicht aus einem falschen Pflichtgefühl entsteht, das uns von einer zur Dominanz neigenden Persönlichkeit suggeriert wird. Eine Tragödie unserer modernen Gesellschaft hat hier ihre Ursache, und es ist unmöglich abzuschätzen, wie viele tausend Leben auf diese Weise behindert, wie viele Myriaden von Gelegenheiten verpaßt, wieviel Kummer und Leid verursacht wurde, wie groß die Zahl der Kinder ist, die aus Pflichtgefühl jahrelang einen invaliden Elternteil gepflegt haben, dessen einzige Krankheit die Gier nach Zuwendung war. Denken Sie nur an die Armeen von Männern und Frauen, die daran gehindert wurden, eine große und nützliche Arbeit für die Menschheit zu leisten, weil ihre Persönlichkeit von einem Individuum in Beschlag genommen wurde, von dem sich zu befreien sie nicht den Mut hatten; an die Kinder, die in ihren Anfangsjahren ihre eigentliche Berufung kennen, aber aufgrund schwieriger Umstände, des negativen Einflusses anderer und der eigenen Unentschlossenheit in einen anderen Lebensbereich abgleiten, in dem sie weder glücklich sind noch sich auf dem Weg ihrer Evolution so entfalten können, wie es ihnen vorbestimmt ist. Nur unser Gewissen kann uns sagen, ob unsere Pflicht bei einem oder bei vielen liegt, wie und wem wir dienen sollen; wie immer der Befehl unseres Gewissens lauten mag, wir sollten ihm mit all unseren Kräften gehorchen.

Lassen wir uns schließlich von keinerlei Ängsten davon abhalten, uns ins Leben zu stürzen. Wir sind hier, um Erfahrungen zu machen und Wissen zu erwerben, und wir werden nur wenig lernen, wenn wir uns den Realitäten nicht stellen und sie nicht mit aller Entschlossenheit suchen. Erfahrungen können in jedem Lebensbereich gewonnen werden, und die Wahrheiten der Natur und der Menschheit können ebenso, ja vielleicht besser, in einem entfernten Winkel auf dem Land wie im Lärm und der Hektik einer Großstadt entdeckt werden.

5

Da der Mangel an Individualität (das heißt eine Störung durch die Persönlichkeit, die das Individuum daran hindert, sich den Forderungen seines höheren Selbst zu fügen) eine so große Bedeutung bei der Entstehung von Krankheit hat und da dies oft schon früh im Leben geschieht, wollen wir jetzt die wahre Beziehung zwischen Eltern und Kind, Lehrer und Schüler betrachten.

Grundsätzlich ist zu sagen, daß die Aufgabe der Eltern darin besteht, das privilegierte Mittel zu sein (und in der Tat sollte es als göttliches Privileg aufgefaßt werden), einer Seele den Kontakt mit dieser Welt zum Zwecke ihrer Evolution zu ermöglichen. Recht verstanden, wird dem Menschen wohl keine größere Gelegenheit zur Mitverantwortung angeboten, als der Protagonist der physischen Geburt einer Seele zu sein und während der ersten paar Jahre ihrer physischen Existenz mit der Sorge für die junge Persönlichkeit betraut zu sein. Das ganze Bestreben der Eltern sollte darauf gerichtet sein, dem kleinen Neuankömmling jedwede spirituelle, seelische und physische Führung angedeihen zu lassen und sich immer bewußt zu sein, daß das Kleine eine individuelle Seele ist, auf die Erde herabgekommen, um auf seine ureigenste Weise, gemäß dem Gebot seines höheren Selbst, Erfahrungen zu machen und Wissen zu erwerben, wofür ihm die größtmögliche Freiheit zu seiner ungehinderten Entfaltung gewährt werden sollte.

Die Aufgabe der Eltern ist ein göttlicher Dienst, der ebenso, wenn nicht sogar mehr, respektiert werden sollte wie irgendeine andere Pflicht, zu der wir berufen sind. Da es ein Weg des Opfers ist, muß man sich immer bewußt sein, daß vom Kind nichts, aber auch gar nichts, zurückverlangt werden darf, denn es obliegt den Eltern, zu geben und nur zu geben: zärtliche Liebe, Schutz und Führung, bis die Seele von der jungen Persönlichkeit Besitz ergreift. Unabhängigkeit, Individualität und Freiheit sollten von Anfang an gelehrt werden, und das Kind sollte so früh wie möglich dazu ermutigt werden, selbständig zu denken und zu handeln. Alle elterliche Kontrolle sollte – entsprechend der wachsenden Fähigkeit zur Selbstbestimmung – Schritt für Schritt aufgegeben werden. Später darf der junge Mensch nicht durch eine falsche Idee von Pflichterfüllung daran gehindert werden, dem Gebot seiner eigenen Seele zu gehorchen.

Elternschaft ist ein Amt im Leben, das von einem zum anderen weitergegeben wird. Es ist seinem Wesen nach ein Gewähren von Führung und Schutz für eine kurze Zeitspanne, nach deren Ablauf diese Bemühungen aufhören und ihr Objekt von der elterlichen Obhut entbunden werden sollte, um allein voranzuschreiten. Es sei daran erinnert, daß das Kind, dessen zeitweiliger Beschützer wir sind, eine viel ältere und größere Seele sein kann als wir selbst, daß es spirituell vielleicht sogar über uns steht, so daß Kontrolle und Schutz auf die Bedürfnisse der jungen Persönlichkeit begrenzt werden sollten.

Elternschaft ist eine heilige Pflicht, sie ist ihrem Wesen nach zeitlich begrenzt und geht von einer Generation auf die nächste über. Sie verlangt nichts anderes als Dienen und verpflichtet die jungen Menschen zu keinerlei Gegenleistung, da sie frei sein müssen, sich auf ihre eigene Weise zu entwickeln und fähig zu werden, das gleiche Amt in nur wenigen Jahren selbst zu erfüllen. Das Kind sollte also keinen Einschränkungen, keinen Verpflichtungen und keinen elterlichen Behinderungen unterworfen werden, in dem Wissen, daß es bald seine eigene Pflicht sein wird, das Amt der Elternschaft, das vorher sein Vater und seine Mutter innehatten, für einen anderen auszuüben.

Eltern sollten insbesondere jeder Versuchung widerstehen, die junge Persönlichkeit entsprechend ihren eigenen Ideen und Wünschen formen zu wollen, und sie sollten sich jeder unangemessenen Kontrolle enthalten, ebenso jeder Forderung nach Gegenleistung für ihre natürliche Pflicht und ihr heiliges Privileg, einer Seele helfen zu dürfen, mit der Welt in Berührung zu kommen. Jedes Verlangen nach Kontrolle oder der Wunsch, das junge Leben aus persönlichen Motiven zu formen, ist eine schreckliche Form der Gier und sollte nie geduldet werden, denn wenn sich ein solches Verlangen in dem jungen Vater oder der jungen Mutter einwurzelt, wird es sie in späteren Jahren zu regelrechten Vampiren machen. Das geringste Streben nach Dominanz sollte bei seinem ersten Auftreten unterbunden werden. Wir dürfen nicht zulassen, daß wir zu Sklaven der Gier werden, die in uns den zwanghaften Wunsch weckt, andere zu besitzen. Wir müssen in uns die Kunst des Gebens kultivieren und so weit entfalten, daß durch unser Opfer jede Spur von schädlichem Verhalten ausgelöscht wird.

Der Lehrer sollte immer vor Augen haben, daß seine Aufgabe nur darin besteht, dem jungen Menschen Führung zu geben und die Gelegenheit, die Dinge der Welt und des Lebens zu lernen, so daß er Wissen auf seine Weise aufnehmen kann; er wird instinktiv das auswählen, was er für seinen Erfolg im Leben baucht, sofern ihm Freiheit gewährt wird. Aus diesem Grunde darf nur sanfteste Fürsorge und Führung gegeben werden, damit der Schüler fähig wird, den Impulsen seines höheren Selbst zu folgen.

Kinder sollten wissen, daß das Amt der Elternschaft, das ein Sinnbild für schöpferische Kraft ist, zwar eine göttliche Aufgabe ist, daß ihm aber kein Recht auf Behinderung der Entfaltung oder Einforderung von Verpflichtungen zukommt, die das Leben und die Arbeit beeinträchtigen könnten, welche ihre Seele von ihnen fordert. In der gegenwärtigen Zivilisation läßt sich das unsagbare Leiden, die Verkrüppelung von Charakteren und die Entwicklung anmaßender Persönlichkeiten gar nicht abschätzen, die durch die mangelnde Einsicht in diese Tatsache erzeugt werden. In fast jedem Heim bauen sich Eltern und Kinder Gefängnisse aus völlig falschen Motiven und einem falschen Begriff von der Beziehung zwischen Eltern und Kind. Die Gefängnisse schließen Freiheit aus, verkrampfen das Leben, verhindern eine natürliche Entwicklung und machen alle Beteiligten unglücklich. Die seelischen, nervlichen und sogar physischen Störungen, die diese Menschen befallen, machen in der Tat einen sehr großen Prozentsatz der Erkrankungen unserer Zeit aus.

Es kann gar nicht genug betont werden, daß jede Seele sich hier auf Erden für den spezifischen Zweck inkarniert, Erfahrung und Erkenntnis zu erlangen und ihre Persönlichkeit gemäß den Idealen ihrer Seele zu vervollkommnen.

In welcher Beziehung wir auch zueinander stehen mögen, sei es Eltern und Kind, Bruder und Schwester, Meister und Schüler, wir sündigen gegen unseren Schöpfer und gegen unsere Mitmenschen, wenn wir die Evolution einer anderen Seele aus persönlichen Motiven behindern. Unsere einzige Pflicht ist es, den Befehlen unseres eigenen Gewissens zu gehorchen, was uns nicht einen Augenblick lang berechtigt, über eine andere Persönlichkeit zu herrschen. Möge sich jeder daran erinnern, daß ihm seine Seele eine bestimmte Arbeit aufgetragen hat und daß es unausweichlich zu einem Konflikt zwischen seiner Seele und seiner Persönlichkeit kommen wird, wenn er diese Aufgabe nicht erfüllt, was mit Notwendigkeit körperliche Störungen nach sich zieht.

Es ist wahr, daß es die Berufung eines Individuums sein kann, sein Leben einem einzigen Menschen zu widmen, aber bevor sich jemand dazu entschließt, möge er sich absolut sicher sein, daß dies der Befehl seiner Seele ist und er dazu nicht durch die Suggestion und Überredung einer dominanten Persönlichkeit gebracht wird oder durch irreführende Ideen von Pflichterfüllung. Wir kommen auf diese Welt, um Schlachten zu schlagen, um uns von denen zu befreien, die uns beherrschen wollen, und zu einer Stufe fortzuschreiten, auf der wir still und gelassen unsere Pflicht erfüllen und unbeirrt und unbeeinflußt von irgendeinem lebenden Wesen allein der Stimme unseres höheren Selbst gehorchen. Die meisten Menschen haben ihren größten Kampf in ihrem eigenen Heim, wo sie sich zuerst aus der abträglichen Herrschaft und Kontrolle eines sehr nahen Verwandten befreien müssen, bevor sie die Möglichkeit haben, Siege in der Welt zu erringen.

Jedes Individuum, sei es ein Erwachsener oder ein Kind, zu dessen Arbeit es in diesem Leben gehört, sich aus der dominanten Kontrolle eines anderen zu befreien, sollte an folgendes denken: Erstens, daß dieser potentielle Unterdrücker wie ein Gegner im Sport betrachtet werden sollte, als eine Persönlichkeit, mit der wir das Spiel des Lebens spielen, ohne jede Spur von Bitterkeit; gäbe es solche Opponenten nicht, hätten wir keine Gelegenheit, unseren eigenen Mut und unsere Individualität zu entfalten. Und zweitens, daß die wirklichen Siege im Leben durch Liebe und Sanftheit gewonnen werden und in diesem Kampf keinerlei Gewalt angewendet werden darf. Durch stetiges inneres Wachstum und das Bewahren von Sympathie, Freundlichkeit und wenn möglich Zuneigung – oder noch besser Liebe – zu den Opponenten entwickelt sich ein Mensch so, daß er mit der Zeit ganz sanft und unauffällig nur noch dem Ruf seines Gewissens folgt, ohne die geringste Störung von außen zuzulassen.

Menschen, die zur Dominanz neigen, brauchen sehr viel Hilfe und Führung, damit sie die große universale Wahrheit der Einheit erkennen und die Freude der Brüderlichkeit erleben können. An diesen Dingen vorbeizuleben heißt, das wirkliche Glück des Lebens zu versäumen, und wir müssen ihnen, soweit es in unserer Macht liegt, helfen. Schwäche auf unserer Seite, die ihnen erlaubt, ihren Einfluß auszudehnen, dient ihnen in keiner Weise. Eine sanfte Weigerung, sich von ihnen kontrollieren zu lassen, und ein Bemühen, sie die Freude des Gebens erfahren zu lassen, hilft ihnen auf ihrem Weg weiter.

Das Gewinnen unserer Freiheit, unserer Individualität und Unabhängigkeit verlangt in den meisten Fällen sehr viel Mut und Glauben. In den dunkelsten Stunden, wenn der Erfolg so gut wie unerreichbar erscheint, wollen wir daran denken, daß Gottes Kinder sich niemals fürchten sollten, daß unsere Seele uns nur solche Aufgaben zumutet, denen wir gewachsen sind, und daß mit Mut und dem Glauben an unsere eigene Göttlichkeit der Sieg von denen erlangt wird, die nicht aufhören, darum zu ringen.

6

Und wenn wir nun erkennen, liebe Brüder und Schwestern, daß Liebe und Einheit die großen Grundlagen unserer Schöpfung sind, daß wir selbst Kinder der göttlichen Liebe sind und daß der ewige Sieg über alles Falsche und alles Leiden durch Sanftmut und Liebe errungen wird, wenn wir dies alles erkennen, wo passen dann in dieses schöne Bild Praktiken wie Vivisektion und

Transplantation von Tierdrüsen? Sind wir immer noch so primitiv, so heidnisch, daß wir glauben, wir könnten durch das Opfer von Tieren den Folgen unserer eigenen Fehler und Versäumnisse entrinnen? Vor fast 2500 Jahren wies schon der Buddha die Welt auf das Übel der Opferung uns unterlegener Lebewesen hin. Die Menschheit steht in gewaltiger Schuld gegenüber den Tieren, die sie gefoltert und getötet hat, und weit davon entfernt, daß solche Praktiken dem Menschen irgend etwas Gutes brächten, fügen sie dem Menschen- und Tierreich nichts als Schaden und Leid zu. Wie weit sind wir im Westen von jenen schönen Idealen unserer Mutter Indien in alten Zeiten abgekommen, als die Liebe für alle Lebewesen der Erde so groß war, daß Menschen lernten, sich nicht nur der Krankheiten und Verletzungen der Säugetiere, sondern auch der Vögel anzunehmen. Es gab große Schutzgebiete für alle Arten von Lebewesen, und die Menschen verabscheuten die Verletzung niederer Kreaturen so sehr, daß einem Mann, der jagte, ärztliche Behandlung verweigert wurde, wenn er krank war, bis er gelobte, das Jagen aufzugeben.

Wir wollen die Menschen nicht verurteilen, die Vivisektion praktizieren, denn eine Reihe von ihnen arbeitet mit wahrhaft humanitären Absichten in der Hoffnung und dem Bemühen, das menschliche Leiden zu erleichtern. Ihr Motiv ist durchaus ehrenwert, aber ihre Weisheit ist gering, und sie haben wenig Verständnis für den Sinn und Zweck des Lebens. Das Motiv allein, wie richtig es auch sein mag, genügt nicht; es muß sich mit Weisheit und Erkenntnis paaren.

Was den Horror der Schwarzen Magie der Transplantation von Drüsen angeht, so wollen wir darüber nicht einmal schreiben, vielmehr jeden Menschen anflehen, davor zurückzuschrecken, da es zehntausendmal schlimmer ist als die Pest, denn es ist eine Sünde gegen Gott, Mensch und Tier.

Abgesehen von diesen ein oder zwei Ausnahmen ist es sinnlos sich mit dem Versagen der modernen Medizin zu befassen; Zerstörung ist zwecklos, wenn wir nicht in der Lage sind, ein besseres Gebäude zu errichten, und da in der Medizin das Fundament eines neuen Gebäudes bereits gelegt ist, wollen wir uns darauf konzentrieren, diesem Tempel ein paar Steine hinzuzufügen. Auch ist eine ablehnende Kritik des heutigen medizinischen Standes wertlos. Es ist das System, das in sich falsch ist, nicht die Menschen. Denn in diesem System hat der Arzt aus rein ökonomischen Gründen nicht die Zeit, seine Patienten in Ruhe und Frieden zu behandeln, oder die Gelegenheit zur notwendigen Meditation und zum Nachdenken, was das Anliegen jener sein sollte, die ihr Leben der Hilfe von Kranken weihen. Wie Paracelsus sagte, behandelt der weise Arzt fünf und nicht fünfzehn Patienten an einem Tag – ein unerreichbares Ideal für den durchschnittlichen Arzt von heute.

Wir erleben die Morgendämmerung einer neuen und besseren Heilkunst. Vor hundert Jahren war die Homöopathie der erste Strahl des Morgenlichts nach langer dunkler Nacht, und sie wird wahrscheinlich eine wichtige Rolle in der Medizin der Zukunft spielen. Darüber hinaus ist es ein Fortschritt in Richtung Krankheitsvorbeugung, daß in unserer Zeit versucht wird, die Lebensbedingungen zu verbessern und für eine reinere Ernährung zu sorgen. Jene Bewegungen, welche die Aufmerksamkeit der Menschen sowohl auf den Zusammenhang zwischen mangelnder Spiritualität und Krankheit richten wie auf die Beeinflussung des Heilprozesses durch geistige Vervollkommung, weisen den Weg in jenes helle Sonnenlicht, in dem die Dunkelheit der Krankheit verschwinden wird.

Halten wir uns vor Augen, daß Krankheit ein gemeinsamer Feind ist und daß jeder, der einen Bruchteil davon besiegt, dadurch nicht nur sich selbst, sondern der ganzen Menschheit hilft. Ein gewisses, aber begrenztes Maß an Energie muß aufgewendet werden, bevor der Sieg vollkommen ist; mögen wir alle nach diesem Ziel streben, und mögen diejenigen, die größer und stärker sind als die anderen, nicht nur ihren Teil dazu beitragen, sondern ihren schwächeren Brüdern materiell beistehen.

Offensichtlich besteht das erste Mittel, die Ausbreitung und Vermehrung von Krankheit zu verhindern, darin, jene Handlungen zu unterlassen, die ihre Macht stärken, das zweite, die Mängel unseres Charakters zu beseitigen, die eine weitere Invasion gestatten. Wenn wir das erreichen, ist wahrlich der Sieg errungen. Dann können wir, nachdem wir uns selbst befreit haben, anderen helfen. Es ist nicht so schwer, wie es auf den ersten Blick scheint. Von uns wird nur erwartet, unser Bestes zu tun, und wir wissen, daß das für jeden von uns möglich ist, sofern wir nur auf das Gebot unserer Seele horchen. Das Leben verlangt von uns nicht unvorstellbare Opfer; vielmehr möchte es von uns, daß wir die Reise mit Freude im Herzen antreten und ein Segen für die Menschen in unserer Umgebung sind. Ist diese Welt durch unseren Besuch nur eine Spur besser, wenn wir sie verlassen, dann haben wir unsere Arbeit getan.

Die Lehre der Religionen, wenn man sie recht versteht, fordert uns auf: »Entsagt allem und folgt mir nach.« Das ist so zu interpretieren, daß wir uns den Forderungen unseres höheren Selbst völlig hingeben sollen, was aber nicht heißt, wie manche meinen, Heim und Wohlergehen, Liebe und Luxus hinter sich zu lassen; die Wahrheit ist sehr weit davon entfernt. Der Fürst eines Reiches mit all den Herrlichkeiten des Palastes kann ein Gottgesandter sein und ein Segen für sein Volk, für sein Land – ja sogar für die ganze Welt; wieviel wäre verlorengegangen, wenn dieser Prinz es für seine Pflicht gehalten hätte, in ein Kloster einzutreten. Die Ämter dieses Lebens müssen in allen Bereichen, vom niedrigsten bis zum höchsten, besetzt werden, und der göttliche Führer unseres Schicksals weiß, in welches Amt er uns zu unserem eigenen Besten sendet. Von uns wird nur eines erwartet: diese Pflicht freudig und gut zu erfüllen. Es gibt Heilige in der Fabrik und im Heizraum eines Schiffes wie auch unter den Würdenträgern religiöser Orden. Von keinem auf dieser Erde wird verlangt, daß er mehr tut, als er vermag, und wenn wir danach streben, das Beste in uns zu erlangen und uns dabei immer von unserem höheren Selbst leiten zu lassen, dann sind Glück und Gesundheit für jeden erreichbar.

Den größeren Teil der letzten zweitausend Jahre ist die westliche Zivilisation in extremem Materialismus gefangen gewesen; die Verwirklichung der spirituellen Seite unserer Natur und Existenz ist in einer geistigen Einstellung weitgehend verlorengegangen, die weltlichen Besitz, Ehrgeiz, Begierden und Genuß über alle wesentlichen Dinge des Lebens stellt. Der wahre Grund für die Existenz des Menschen auf Erden ist von seiner Angst überschattet worden, die ihn in dieser Inkarnation nichts als weltlichen Gewinn suchen läßt. Es war eine Periode, in der das Leben sehr schwer war, aus Mangel an wirklicher Geborgenheit, Ermutigung und Inspiration, die uns durch die Verwirklichung größerer Dinge, als sie uns diese Welt schenken kann, zuteil werden.

Während der letzten Jahrhunderte haben die Menschen in den Religionen eher Legenden gesehen ohne echte Bedeutung für ihr Leben, anstatt darin die Essenz ihres Lebens zu erkennen. Das wahre Wesen unseres höheren Selbst, die Erkenntnis, daß es außer dem gegenwärtigen ein früheres und späteres Leben gibt, hat sehr wenig für uns bedeutet, während doch jede Handlung darin ihren Ausgangspunkt und ihre Richtung haben sollte. Wir haben uns von den großen Dingen abgewendet und versucht, uns das Leben so bequem wie möglich einzurichten, indem wir das Metaphysische aus unserem Blick verbannt und in der Verfolgung irdischen Genusses eine Kompensation für unsere Mühen gesucht haben. So sind Position, Rang, Reichtum und weltlicher Besitz das Ziel dieser Jahrhunderte geworden; und da alle diese Dinge vergänglich sind und nur mit viel Angst und Konzentration auf das Materielle erworben und bewahrt werden können, waren der innere Frieden und das Glück der vergangenen Generationen unendlich weit von dem entfernt, was der Menschheit wahrhaft zusteht.

Der wahre Frieden der Seele und des Geistes ist mit uns, wenn wir spirituelle Fortschritte machen; er kann durch keine noch so große Anhäufung von Reichtum erworben werden. Aber die Zeiten ändern sich, und es gibt viele Hinweise, daß diese Zivilisation begonnen hat, das Zeitalter des reinen Materialismus hinter sich zu lassen und wieder eine Sehnsucht nach den Wirklichkeiten und Wahrheiten des Universums zu entwickeln. Das allgemeine und schnell wachsende Interesse an der Erkenntnis metaphysischer Wahrheiten, die wachsende Zahl jener, die Informationen über die Existenz vor und nach diesem Leben suchen, die Entwicklung von Methoden, wie Krankheit durch Glauben und spirituelle Mittel besiegt werden kann, die Öffnung für die alten Weisheitslehren des Ostens – das alles sind Zeichen, daß die Menschen der gegenwärtigen Zeit beginnen, die Wirklichkeit hinter den Dingen zu erahnen. Auch die Heilkunst muß mit diesem Wandel der Zeiten Schritt halten, weg vom groben Materialismus, hin zu einer Wissenschaft, die sich auf die wahre Wirklichkeit gründet und von den gleichen göttlichen Gesetzen gelenkt wird, die unser Wesen regieren. Heilen wird von den physischen Methoden zur Behandlung des Körpers zu spirituellen und geistigen Methoden übergehen, die durch die Herstellung von Harmonie zwischen Seele und Geist die Grundursache der Krankheit beseitigen; rein physische Mittel werden dann nach Bedarf eingesetzt, um die Heilung des Körpers zu vervollständigen.

Sofern der medizinische Stand diese Tatsachen nicht erkennt und mit dem spirituellen Wachstum der Menschen Schritt hält, erscheint es durchaus möglich, daß die Kunst des Heilens in die Hände religiöser Orden oder solcher geborener Heiler der Menschen übergeht, die es in jeder Generation gibt, die aber mehr oder weniger im verborgenen leben, weil sie wegen der orthodoxen Einstellung der Ärzteschaft ihrer wahren Berufung nicht folgen können.

Der Arzt der Zukunft wird also zwei große Pflichten haben. Die erste besteht darin, dem Patienten zur Selbsterkenntnis zu verhelfen und ihn auf die grundlegenden Fehler und Mängel seines Charakters hinzuweisen, die er beheben sollte, indem er sich in den entgegengesetzten Tugenden übt. Ein solcher Arzt muß die Gesetze erforschen, die die Menschheit und das Wesen des Menschen regieren, so daß er in allen, die zu ihm kommen, die Elemente erkennen kann, die einen Konflikt zwischen Seele und Persönlichkeit erzeugen. Er muß dem Leidenden raten können, wie er am besten die notwendige Harmonie herstellen kann, welche Handlungen gegen die Einheit er unterlassen und welche Tugenden er entwickeln muß, um diese Fehler auszumerzen. Jeder Fall muß sorgfältig untersucht werden, und nur jene, die einen Großteil ihres Lebens der Erkenntnis der Menschheit gewidmet haben und in deren Herzen der Wunsch zu helfen brennt, werden fähig sein, diese herrliche und göttliche Arbeit für die Menschheit erfolgreich auf sich zu nehmen, einem Leidenden die Augen zu öffnen, ihn über den Grund seiner Existenz aufzuklären und in ihm Hoffnung, Zuversicht und Glauben zu wecken, die ihn befähigen werden, seine Krankheit zu besiegen.

Die zweite Pflicht des Arztes wird darin bestehen, dem Patienten solche Heilmittel zu verabreichen, die den physischen Körper kräftigen und den Geist beruhigen, die seinen Horizont erweitern und sein Streben nach Vervollkommnung fördern, so daß Friede und Harmonie in die Persönlichkeit einkehren. Solche Heilmittel gibt es in der Natur; sie sind dort durch die Gnade des göttlichen Schöpfers für die Heilung und das Wohlbefinden der Menschheit geschaffen. Einige sind bekannt, weitere werden von Ärzten in verschiedenen Teilen der Welt entdeckt und erforscht, insbesondere in Indien, und es gibt keinen Zweifel, daß wir durch die Fortentwicklung dieser Forschungen viel von dem Wissen zurückgewinnen werden, das vor mehr als zweitausend Jahren bekannt war, so daß der Heiler der Zukunft die wunderbaren natürlichen Heilmittel zur Verfügung haben wird, die den Menschen durch göttliche Fürsorge zur Verfügung stehen.

Die Überwindung von Krankheit hängt also davon ab, daß die Menschheit die Wahrheit der unabänderlichen Gesetze des Universums erkennt und sich in Demut und Gehorsam in diese Gesetze fügt, um so inneren Frieden und die wirkliche Freude und das Glück des Lebens zu finden. Die Aufgabe des Arztes wird es sein, jeden Leidenden zur Erkenntnis dieser Wahrheit zu führen und ihm die Mittel zu zeigen, wie er Harmonie erlangen kann; er wird ihn inspirieren, an seine Göttlichkeit zu glauben, die alles überwinden kann, und ihm solche physischen Heilmittel verabreichen, die ihm helfen, die Persönlichkeit zu harmonisieren und den Körper zu heilen.

7

Nun kommen wir zu der überaus wichtigen Frage, wie wir uns selber helfen können. Wie können wir unseren Geist und unseren Körper in einem solchen Zustand der Harmonie halten, daß es für Krankheiten schwer, wenn nicht unmöglich ist, uns anzugreifen, denn es ist gewiß, daß die konfliktfreie Persönlichkeit immun gegen Krankheit ist.

Betrachten wir zuerst die Psyche. Wir haben wiederholt die Notwendigkeit betont, in uns selbst die Mängel aufzuspüren, die uns veranlassen, gegen die Einheit zu handeln, so daß wir uns nicht in Harmonie mit dem Gebot unserer Seele befinden; wir haben auch dargelegt, wie wir diese Fehler durch die Entwicklung der gegensätzlichen Tugend beseitigen können. Eine ehrliche Selbstprüfung wird uns die Art unserer Fehler erschließen. Unsere spirituellen Ratgeber, wahren Ärzte und echten Freunde können uns helfen, ein wahrheitsgetreues Bild von uns selbst zu gewinnen, aber die beste Methode der Selbsterkenntnis ist ruhiges Nachdenken und Meditation; in einer friedvollen Atmosphäre der inneren Sammlung kann unsere Seele durch unser

Gewissen und unsere Intuition zu uns sprechen und uns führen. Wenn wir täglich nur eine kurze Zeit dafür reservieren, allein an einem möglichst stillen Ort ungestört zu sitzen oder zu liegen und entweder den Geist leer zu machen oder in aller Ruhe über die eigene Lebensaufgabe nachzudenken, dann werden wir mit der Zeit feststellen, daß wir in diesen Augenblicken große Hilfe erfahren und uns blitzartige Einsichten und innere Führung zuteil werden. Wir merken, daß die Fragen zu den schwierigen Problemen des Lebens unfehlbar beantwortet werden, und werden in die Lage versetzt, voller Selbstvertrauen den richtigen Weg einzuschlagen. Immer sollten wir dabei den ersten Wunsch in unserem Herzen tragen, der Menschheit zu dienen und gemäß dem Gebot unserer Seele zu leben.

Wenn ein Fehler gefunden ist, dann liegt das Heilmittel nicht darin, dagegen anzukämpfen, und auch nicht in dem Einsatz von Willenskraft und Energie zur Unterdrückung des Fehlers, sondern in der stetigen Entwicklung der gegensätzlichen Tugend, so daß wir ganz automatisch alle Spuren des Angreifers von uns abwaschen. Das ist die wahre und natürliche Methode des Fortschritts zur Überwindung von Fehlern, und sie ist bei weitem leichter und effektiver als der Kampf gegen eine bestimmte Schwäche. Gegen einen Fehler zu kämpfen vermehrt seine Macht, hält unsere Aufmerksamkeit darauf fixiert und verwickelt uns in der Tat in Kampf; der größte Erfolg, den wir auf diese Weise erwarten dürfen, ist ein Sieg durch Unterdrückung, was beileibe nicht befriedigend ist, da der Feind immer noch bei uns ist und sich in einem schwachen Moment aufs neue zeigen wird. Den Fehler zu vergessen und bewußt danach zu streben, die Tugend zu entwickeln, die ihm keinen Raum mehr läßt, ist der wahre Sieg.

Sollten wir zum Beispiel Grausamkeit in unserem Charakter finden, dann können wir fortwährend sagen: »Ich werde nicht grausam sein« und uns auf diese Weise davon abhalten, in diese Richtung fehlzugehen; aber der Erfolg dieser Methode hängt von unserer Geistesstärke ab, und sollte sie einen Augenblick nachlassen, so sind wir in Gefahr, unseren guten Entschluß zu vergessen. Wenn wir andererseits jedoch wirkliches Mitgefühl für unsere Mitmenschen entwickeln, dann werden wir unfähig zur Grausamkeit, da wir im Gefühl der Brüderlichkeit vor ihr zurückschrecken. Dies geschieht nicht durch Unterdrückung, es gibt keinen geheimen Feind, der darauf lauert, in Augenblicken der Schwäche hervorzuspringen, vielmehr verbietet uns unser Mitgefühl, eine Handlung zu begehen, die einen anderen verletzen könnte.

Wie wir schon gesehen haben, sind uns die physischen Krankheitssymptome ein Hinweis auf die innere Disharmonie, die die Ursache ihrer Entstehung ist. Ein weiterer wichtiger Faktor des Erfolgs ist, daß wir eine Leidenschaft für das Leben entwickeln und unsere Existenz nicht nur als Pflicht betrachten, die wir mit möglichst großer Geduld erfüllen, sondern daß wir echte Freude am Abenteuer unserer Lebensreise durch diese Welt gewinnen.

Vielleicht ist eine der größten Tragödien des Materialismus die Ausbreitung von Langeweile und der Verlust echten inneren Glücks. Er lehrt die Menschen, Zufriedenheit und Ausgleich für ihre Sorgen und Nöte in irdischen Freuden und Genüssen zu suchen, Menschen, die aber doch nie etwas anderes bewirken können als ein vorübergehendes Vergessen unserer Schwierigkeiten. Wenn wir einmal angefangen haben, bei bezahlten Spaßvögeln Kompensation für unsere Leiden zu suchen, verfangen wir uns in einem Teufelskreis. Amüsement, Unterhaltung und Vergnügen sind für uns alle gut, aber nicht, wenn wir von ihnen abhängig werden, um unsere Leiden ertragen zu können. Weltliche Genüsse jeder Art müssen dann ständig in ihrer Intensität erhöht werden, um uns bei Laune zu halten, und das aufregende Erlebnis von gestern wird zur Langeweile von morgen. So suchen wir nach anderen und größeren Abenteuern, bis wir übersättigt sind und uns mit diesen Mitteln keine Erleichterung mehr verschaffen können. Auf die eine oder andere Weise macht die Abhängigkeit von weltlichen Genüssen jeden von uns zu einem Faust; auch wenn es uns nicht voll bewußt ist, wird das Leben zu einer reinen Pflichtübung, und all seine Leidenschaft und Freude, die uns vom Anfang des Lebens bis zu unseren letzten Stunden begleiten sollten, verlassen uns. Dies hat sich in unserer Zeit bis zu dem Extrem gesteigert, mit Hilfe der Wissenschaft Verjüngung, Verlängerung des natürlichen Lebens und eine Erhöhung der sinnlichen Genüsse durch teuflische Praktiken zu erreichen.

Der Zustand der Langeweile ist dafür verantwortlich, daß wir für Krankheiten viel anfälliger sind, als es sonst der Fall wäre, und da sich heutzutage Langeweile schon früh im Leben ausbreitet, treten die damit zusammenhängenden Krankheiten auch schon in jüngeren Jahren auf. Ein solcher Zustand kann sich nicht entwickeln, wenn wir die Wahrheit unserer eigenen Göttlichkeit anerkennen, unsere Lebensaufgabe in der Welt erfüllen und so voller Freude Erfahrungen sammeln und anderen helfen. Das Gegenmittel gegen Langeweile ist ein aktives und lebendiges Interesse an allem, was uns umgibt; denn das Leben bietet uns reichlich Gelegenheit, um zu lernen und immer wieder zu lernen und die Wahrheit zu entdecken, die hinter allen Dingen liegt; um uns ganz in der Kunst des Erwerbs von Wissen und Erfahrung zu verlieren und nach Gelegenheiten Ausschau zu halten, wo wir durch all das einem Mitreisenden nützlich werden können. So weckt jeder Augenblick unserer Arbeit und unseres Spiels unsere Lust zu lernen und die Sehnsucht, wirkliche Abenteuer zu erleben und lohnende Taten zu vollbringen; durch die Entfaltung dieser Anlage werden wir die Fähigkeit wiedergewinnen, uns an den kleinsten Dingen zu freuen, so daß Vorkommnisse, die wir bisher für alltäglich und monoton gehalten haben, zu einer Gelegenheit für neue Erkenntnisse und Abenteuer werden. Es sind die einfachen Dinge des Lebens, in denen wir die wirkliche Freude finden, denn sie sind näher an der großen Wahrheit.

Resignation, die uns nur zu einem unaufmerksamen Passagier der Lebensreise macht, öffnet die Tür für alle möglichen schädlichen Einflüsse, die nie Einlaß finden könnten, wenn unsere tägliche Existenz vom Geist der Freude und des Abenteuers geprägt wäre. In welcher Situation wir uns auch befinden mögen, ob jemand Arbeiter in der Stadt mit ihren Menschenmassen ist oder ein einsamer Hirte in den Bergen, immer ist es erstrebenswert, die Monotonie in Interesse zu verwandeln, in langweiliger Pflicht eine Gelegenheit zur freudigen Erfahrung zu entdecken und im täglichen Leben ein intensives Forschungsfeld über die Menschheit und die großen grundlegenden Gesetze des Universums zu erkennen. An jedem Ort gibt es reichlich Gelegenheit, die Gesetze der Schöpfung zu beobachten, sei es in den Bergen und Tälern oder unter unseren Mitmenschen. Zuerst wollen wir das Leben zu einem Abenteuer machen, das uns fasziniert und der Langeweile keine Möglichkeit mehr läßt, um dann mit dem so gewonnenen Wissen unseren Geist mit unserer Seele und der großen Einheit der Schöpfung Gottes in Einklang zu bringen.

Eine weitere grundlegende Hilfe ist es, wenn wir uns von aller Angst befreien. Angst hat in Wirklichkeit keinen Platz im natürlichen Reich der Menschen, da das Göttliche in unserem Inneren, das wir sind, unbesiegbar und unsterblich ist; könnten wir dessen als Kinder Gottes wahrhaft innewerden, so gäbe es nichts mehr, wovor wir Angst haben müßten. In einem materialistischen Zeitalter vermehrt sich natürlich die Angst um irdische Güter (seien sie rein körperlicher Art oder materielle Reichtümer), denn wenn solche Dinge unsere Welt ausmachen – Dinge, die vergänglich, schwer zu erwerben und unmöglich festzuhalten sind, außer für eine kurze Weile –, dann muß es uns in größte Angst versetzen, daß wir eine Gelegenheit, sie zu ergattern, verpassen könnten. So leben wir notgedrungen in einem ständigen Zustand der Angst, sei er bewußt oder unbewußt, weil wir in unserem Inneren wissen, daß uns unsere Besitztümer jeden Augenblick entrissen werden können und wir sie allenfalls nur für ein kurzes Leben behalten.

In diesem Zeitalter hat die Angst vor Krankheit ein solches Ausmaß angenommen, daß die Angst selbst zu einer großen, schädigenden Kraft geworden ist, weil wir dadurch die Tür gerade für solche Einflüsse öffnen, die wir fürchten. Solche Angst ist in Wirklichkeit Selbstsucht, denn wenn wir ernsthaft mit dem Wohlergehen anderer befaßt sind, dann haben wir keine Zeit, uns vor persönlichen Leiden zu fürchten. Angst spielt heutzutage eine große Rolle bei der Verschlimmerung von Krankheit, und die moderne Wissenschaft hat die Herrschaft des Schreckens verstärkt, indem sie der Öffentlichkeit lauthals ihre Entdeckungen verkündet, die doch nur Halbwahrheiten sind. Das Wissen von Bakterien und diversen Krankheitserregern hat verheerende Wirkungen im Denken von Zehntausenden von Menschen angerichtet und sie durch die damit erzeugte Angst anfälliger für Krankheiten gemacht. Zwar mögen niedrige Lebensformen wie Bakterien eine Rolle bei physischen Erkrankungen spielen, aber sie sind bei weitem nicht die ganze Wahrheit des Problems, was wissenschaftlich oder durch alltägliche Geschehnisse gezeigt werden kann.

Es gibt einen Faktor, den die Wissenschaft auf der physischen Ebene nicht erklären kann, und das ist die Frage, warum manche Leute krank werden und andere nicht, obwohl beide den gleichen Ansteckungsgefahren ausgesetzt waren. Der Materialismus vergißt, daß es über der physischen Ebene einen Faktor gibt, der im normalen Lebensverlauf ein Individuum vor Krankheit, welcher Art sie auch sein mag, schützt oder dafür empfänglich macht. Angst erzeugt durch ihre depressive Wirkung auf unser Gemüt Disharmonie in unserem physischen und magnetischen Körper und pflastert so den Weg für eine Invasion; wären Bakterien und andere physische Faktoren die sichere und einzige Ursache für Krankheit, dann gäbe es wahrhaftig Grund zur Angst. Aber wenn wir sehen, daß selbst bei den schlimmsten

Epidemien nur ein Teil von denen befallen wird, die der Infektion ausgesetzt sind, und daß, wie wir bereits gesehen haben, die wirkliche Ursache des Erkrankens in unserer eigenen Persönlichkeit liegt und damit innerhalb unserer Kontrolle, dann haben wir Grund, ohne Angst durch die Welt zu gehen, da wir wissen, daß das Heilmittel in uns selbst liegt. Wir können alle Angst vor rein physischer Verursachung von Krankheit fahrenlassen, da wir ja wissen, daß uns solche Angst nur anfällig macht. Wenn wir danach streben, Harmonie in unsere Persönlichkeit zu bringen, dann brauchen wir Krankheit nicht mehr zu fürchten als einen Blitz oder den Splitter eines herabstürzenden Meteors, der uns treffen könnte.

Wenden wir uns nun dem physischen Körper zu. Es darf nie vergessen werden, daß er nur die irdische Wohnstätte der Seele ist, in der wir uns eine kurze Zeit aufhalten, um auf der Welt Erfahrungen und Wissen zu sammeln. Ohne uns mit unserem Körper zu sehr zu identifizieren, sollten wir ihn mit Respekt behandeln und gut für ihn sorgen, damit er gesund bleibt und uns länger für unsere Arbeit zur Verfügung steht. Keinen Augenblick lang sollten wir uns übermäßige Sorgen um ihn machen, sondern lernen, uns seiner Existenz so wenig wie möglich bewußt zu sein und ihn als Vehikel unserer Seele und unseres Geistes und als Diener unseres Willens zu benutzen. Äußere und innere Sauberkeit sind äußerst wichtig. Für die äußere Sauberkeit verwenden wir im Westen zu heißes Wasser; das öffnet die Poren, so daß Schmutz eindringen kann. Zusätzlich macht ein übermäßiger Gebrauch von Seife die Oberfläche der Haut klebrig. Kühles oder lauwarmes Wasser, mit dem wir entweder duschen oder das wir öfters wechseln, kommt der natürlichen Methode näher und ist gesünder. Seife sollte man nur soviel benutzen, wie für die Entfernung von Schmutz nötig ist, und sie hinterher mit frischem Wasser gut abspülen.

Innere Sauberkeit hängt von der Ernährung ab, und wir sollten Nahrungsmittel auswählen, die sauber und bekömmlich und möglichst frisch sind, hauptsächlich frisches Obst, Gemüse und Nüsse. Tierfleisch sollte auf jeden Fall vermieden werden, weil es erstens viele Giftstoffe in den Körper bringt, zweitens einen unnormalen und exzessiven Appetit zu Folge hat und drittens Grausamkeit gegenüber der Tierwelt notwendig macht. Man sollte viel Flüssigkeit zu sich nehmen, um den Körper zu reinigen: Wasser, natürliche Weine und Produkte, die direkt aus der Natur kommen; künstliche Getränke sollten vermieden werden.

Der Schlaf sollte maßvoll sein, da viele von uns im Wachzustand mehr Kontrolle über sich haben als im Schlaf. Am besten ist es, den alten Spruch zu beherzigen: »Statt dich noch mal umzudrehen, ist es besser aufzustehen.«

Die Kleidung sollte so leicht wie möglich sein, dabei ausreichend Wärme und Luft an den Körper heranlassen. Bei jeder Gelegenheit sollte die Haut der Sonne und der frischen Luft ausgesetzt werden. Wasser und Sonnenbäder schenken uns Gesundheit und Vitalität.

In allen Dingen sollten wir ein fröhliches Herz bewahren und uns weigern, uns von Zweifeln und Depression niederdrücken zu lassen; sie gehören nicht zu unserem Wesen, denn die Seele kennt nur Freude und Glück.

8

So sehen wir, daß unser Sieg über die Krankheit hauptsächlich von vier Faktoren abhängt: erstens von der Erkenntnis der Göttlichkeit unseres Wesens und der darin begründeten Macht, alles Falsche zu überwinden; zweitens von der Erkenntnis, daß die Grundursache von Krankheit die Disharmonie zwischen der Persönlichkeit und der Seele ist; drittens von unserer Bereitschaft und Fähigkeit, den Fehler zu entdecken, der diese Disharmonie erzeugt, und viertens von der Entfernung dieses Fehlers durch die Entwicklung der entgegengesetzten Tugend.

Die Pflicht der Heilkunst ist es, uns zu dem notwendigen Wissen und den Mitteln zu verhelfen, wie wir unsere Krankheiten überwinden können, und uns zusätzlich die Medizin zu verabreichen, die unseren mentalen und physischen Körper stärkt und uns mehr Möglichkeiten gibt, erfolgreich zu sein. Dann greifen wir die Krankheit in der Tat an der Wurzel an, mit einer realen Hoffnung auf Erfolg. Die Medizin der Zukunft wird sich nicht sosehr für die Auswirkungen interessieren, wird nicht ihre ganze Aufmerksamkeit auf physische Verletzungen konzentrieren und wird Medikamente und Chemikalien nicht nur zum Zweck der Symptomlinderung verabreichen. Sie wird vielmehr in der Erkenntnis der wahren Ursache von Krankheit und der Einsicht in die sekundäre Bedeutung von physischen Resultaten ihre Anstrengungen darauf konzentrieren, Harmonie zwischen Körper, Geist und Seele herzustellen, was zur Befreiung von Krankheit und ihrer Heilung führt. In Fällen, in denen die geistige Korrektur früh genug vorgenommen wird, kann auch schon die Entstehung von Krankheit verhindert werden.

Zu der Art von Heilmitteln, die dann benutzt werden, werden jene gehören, die man von den schönsten Pflanzen und Kräutern in der Apotheke der Natur gewinnt, die von göttlicher Hand mit Heilkräften für Geist und Körper ausgestattet sind.

Unsere Aufgabe ist es, Frieden, Harmonie, Individualität und feste Entschlossenheit zu üben und in uns die Erkenntnis wachsen zu lassen, daß wir in unserer Essenz göttlichen Ursprungs sind, Kinder des Schöpfers, und folglich in uns die Macht haben, Vollendung zu erlangen, sofern wir sie nur entwickeln, was letztendlich unausweichlich ist. Diese Wirklichkeit muß uns so sehr ergreifen, daß sie zum hervorragenden Merkmal unserer Existenz wird. Wir müssen unbeirrt Frieden üben, indem wir uns unseren Geist wie einen See vorstellen, der immer ruhig ist, ohne Wellen, ja ohne ein Kräuseln, das die heitere Gelassenheit stören könnte, bis wir diesen Zustand des inneren Friedens so gefestigt haben, daß kein Lebensereignis, keine widrigen Umstände und keine andere Persönlichkeit die glatte Oberfläche dieses Sees in Bewegung bringen oder Gefühle von Reizbarkeit, Depression oder Zweifel in uns wecken könnten. Es wird uns spürbar helfen, wenn wir jeden Tag ein wenig Zeit dafür freimachen, in aller Stille über die Schönheit des Friedens und den Nutzen von Gelassenheit nachzudenken und zu erkennen, daß wir weder durch Sorgen noch durch Hetzen etwas erreichen, sondern in all unseren Unternehmungen durch ruhiges Denken und Handeln mehr ausrichten. Unser Verhalten in diesem Leben zu harmonisieren und mit den Wünschen unserer Seele in Einklang zu bringen und in einem solchen Zustand des Friedens zu verharren, daß uns die Prüfungen und Störungen dieser Welt unbewegt lassen, ist wahrhaftig eine große Errungenschaft; auch wenn dieser Zustand des inneren Friedens, der höher ist als alle Vernunft, zunächst jenseits unserer Träume zu liegen scheint, ist er in Wirklichkeit mit Geduld und Beharrlichkeit doch in Reichweite von uns allen.

Nicht von jedem wird verlangt, ein Heiliger, ein Märtyrer oder ein berühmter Mensch zu werden. Den meisten sind weniger auffällige Ämter zugedacht. Aber von uns allen wird erwartet, die Freuden und Abenteuer des Lebens zu verstehen und mit Fröhlichkeit die Arbeit zu tun, die uns unsere Göttlichkeit aufgetragen hat. Für alle Kranken sind innerer Frieden und seelische Harmonie die größte Hilfe zur Genesung. Die Medizin und die Krankenpflege der Zukunft werden viel mehr als heute üblich darum bemüht sein, diese Haltung im Patienten zu fördern; heute sind wir nicht fähig, den Fortschritt eines Falles anders als durch materialistisch-wissenschaftliche Methoden zu beurteilen, so nehmen wir ständig Fieber- und sonstige Messungen beim Patienten vor, was die Ruhe und Entspannung von Körper und Geist, die doch für die Genesung so wichtig sind, eher stört als fördert. Es besteht kein Zweifel, daß wir alltägliche Erkrankungen meist abfangen könnten, wenn wir uns bei den ersten

Anzeichen ein paar Stunden vollständige Ruhe und Entspannung in Harmonie mit unserem höheren Selbst gönnten. In solchen Augenblicken müssen wir nur eine Spur von jener Gelassenheit in uns wecken, wie sie Christus symbolisierte, als er während des Sturms auf dem See von Galiäa das Boot betrat und dem Sturm befahl, sich zu legen.

Unsere Einstellung zum Leben hängt davon ab, wie eng unsere Persönlichkeit mit unserer Seele verbunden ist; je enger die Einheit, um so größer werden die Harmonie und der Frieden sein und um so klarer wird das Licht der Wahrheit leuchten und die strahlende Glückseligkeit, die aus höheren Bereichen stammt; sie lassen uns unerschrocken den Schwierigkeiten und dem Schrecken der Welt begegnen, da sie ihre Grundlage in der ewigen Wahrheit des Guten haben. Die Erkenntnis der Wahrheit gibt uns angesichts noch so tragischer Ereignisse dieser Welt die Gewißheit, daß sie nur eine vorübergehende Stufe in der Evolution des Menschen darstellen und daß selbst Krankheit wohltätig ist und bestimmten Gesetzen untersteht, die dazu da sind, letztendlich das Gute herbeizuführen und einen steten Druck zur Vervollkommnung auszuüben. Jene, die dieses Wissen haben, werden nicht von Ereignissen aus der Bahn geworfen, die für andere eine so große Last sind, und alle Ungewißheit, Angst und Verzweiflung verschwinden für immer. Wenn wir nur in steter Kommunikation mit unserer eigenen Seele, unserem himmlischen Vater, bleiben, dann ist die Welt in der Tat ein Ort der Freude, und kein schlechter Einfluß kann uns etwas anhaben.

Es ist uns nicht erlaubt, die Größe unserer eigenen Göttlichkeit zu sehen oder die erhabene Bestimmung und die herrliche Zukunft zu erkennen, die vor uns liegen; denn dann wäre das Leben keine Prüfung und würde keine Anstrengung verlangen, wäre keine Bewährungsprobe. Unsere Tugend liegt darin, diese großen Dinge überwiegend zu vergessen und doch mit Glauben und Mut gut zu leben und die Schwierigkeiten dieser Erde zu meistern. Indem wir uns in Einklang mit unserem höheren

Selbst befinden, können wir diese Harmonie bewahren, die uns befähigt, allen weltlichen Widerstand zu überwinden und auf dem geraden Weg zur Erfüllung unserer Bestimmung fortzuschreiten, ohne uns von Einflüssen ablenken zu lassen, die uns in die Irre führen könnten.

Als nächstes müssen wir unsere Individualität entwickeln und uns von allen weltlichen Einflüssen befreien, so daß wir nur dem Gebot unserer eigenen Seele gehorchen und – unbeeinflußt von äußeren Umständen und anderen Menschen – zu unserem eigenen Meister werden und unser Boot über das rauhe Meer des Lebens steuern, ohne je das Ruder der Rechtschaffenheit loszulassen oder das Lenken unseres Bootes einem anderen zu überlassen. Wir müssen unsere Freiheit absolut und vollständig gewinnen, so daß alles, was wir tun, jede Handlung, ja jeder Gedanke seinen Ursprung in uns selbst hat und wir frei und selbstbestimmt leben und geben.

Das größte Hindernis auf diesem Weg können unsere Nächsten darstellen in einer Zeit, in der das ängstliche Festhalten an Konventionen und falsches Pflichtbewußtsein so erschreckend verbreitet sind. Aber wir müssen unseren Mut zusammennehmen, der bei so vielen von uns ausreicht, den scheinbar großen Dingen des Lebens entgegenzutreten, der aber bei den Problemen im engeren persönlichen Bereich versagt. Wir müssen in der Lage sein, unparteiisch zu beurteilen, was richtig und falsch ist, und demgemäß in der Gegenwart von Verwandten und Freunden furchtlos handeln. Wie viele von uns sind Helden in der äußeren Welt, aber Feiglinge zu Hause! Wie subtil die Mittel auch sein mögen, die uns von der Erfüllung unserer Bestimmung abhalten: die Vortäuschung von Liebe und Zuneigung, ein falsches Pflichtgefühl und sonstige Methoden, uns zu versklaven und uns zu Gefangenen der Wünsche und Erwartungen anderer zu machen – sie müssen alle radikal überwunden werden. Auf die Stimme unserer eigenen Seele und nur auf diese Stimme müssen wir horchen, um zu wissen, was unsere Pflicht ist, und wir dürfen uns nicht von den Menschen in unserer Umgebung behindern lassen. Individualität muß bis zum äußersten entwickelt werden, und wir müssen lernen, bei unserem Gang durchs Leben einzig und allein von unserer Seele Führung und Hilfe zu erwarten, unsere Freiheit in beide Hände zu nehmen und uns in die Welt zu stürzen, um jedes kleinste bißchen Wissen und Erfahrung zu sammeln, das uns erreichbar ist.

Gleichzeitig müssen wir darauf achten, auch jedem anderen seine Freiheit zu lassen, nichts von anderen zu erwarten, sondern im Gegenteil immer bereit zu sein, jemandem die Hand zu reichen, der in Schwierigkeiten ist, und ihm weiterzuhelfen. So wird jede Persönlichkeit, der wir im Leben begegnen, sei es Mutter, Ehemann, Kind, Fremder oder Freund, ein Weggefährte, und jeder von ihnen kann größer oder kleiner sein als wir selbst, was seine spirituelle Entwicklung angeht; aber wir alle gehören einer gemeinsamen Bruderschaft an und sind Teil einer großen Gemeinschaft, die sich auf derselben Reise befindet zu demselben herrlichen Ziel.

Wir müssen fest entschlossen sein, den Sieg zu erringen, und beharrlich an unserem Willen festhalten, den Berggipfel zu erklimmen, ohne die Ausrutscher auf dem Weg einen Augenblick zu bereuen. Kein großer Aufstieg ist jemals ohne Fehler und ohne zu fallen gelungen, und wir müssen darin Erfahrungen sehen, die uns helfen, in der Zukunft weniger zu stolpern. Kein Gedanke an vergangene Fehler darf uns jemals deprimieren; sie sind aus und vorbei, und die daraus gewonnene Erkenntnis wird uns helfen, ihre Wiederholung zu vermeiden. Beharrlich müssen wir nach vorne streben, ohne etwas zu bedauern und ohne zurückzuschauen, da die Vergangenheit, selbst die letzte Stunde, hinter uns liegt und die herrliche Zukunft mit ihrem strahlenden Licht vor uns. Alle Angst muß abgeworfen werden; sie sollte im menschlichen Geist überhaupt nicht existieren und ist nur möglich, wenn wir unsere Göttlichkeit aus den Augen verlieren. Sie gehört nicht zu uns, weil wir als Söhne des Schöpfers, als Funken des göttlichen Lebens, unbesiegbar, unzerstörbar und unüberwindbar sind. Krankheit ist anscheinend grausam, weil sie eine Strafe für falsches Denken und falsches Handeln darstellt, was Grausamkeit gegenüber anderen nach sich ziehen muß. Deswegen ist es notwendig, nach Kräften die Seite der Liebe und Brüderlichkeit in unserem Wesen zu entwickeln, weil dadurch in der Zukunft Grausamkeit unmöglich wird.

Die Entwicklung von Liebe führt uns in die Erkenntnis der Einheit, nämlich der Wahrheit, daß jeder einzelne und wir alle der einen großen Schöpfung angehören.

Die Ursache all unserer Schwierigkeiten sind das Ego und die Getrenntheit, und diese verschwinden, sobald Liebe und die Erkenntnis der großen Einheit ein Teil unseres Wesens geworden sind. Das Universum ist die Objektivierung von Gott; bei seiner Geburt ist es Gott, der wiedergeboren wird, an seinem Ende ist es Gott auf einer höheren Stufe der Evolution. So ist es auch mit dem Menschen; sein Körper ist er selbst in veräußerlichter Form, eine objektive Manifestation seines inneren Wesens; er ist der Ausdruck seiner selbst, die Materialisation der Qualitäten seines Bewußtseins.

In unserer westlichen Zivilisation haben wir in Christus ein großartiges Beispiel, den Maßstab der Vollkommenheit und die Lehre, die uns leiten kann. Er ist für uns der Vermittler zwischen unserer Persönlichkeit und unserer Seele. Seine Aufgabe auf dieser Erde war es, uns zu lehren, wie wir Harmonie und Einklang mit unserem höheren Selbst, mit unserem Vater im Himmel, erreichen können, um in Übereinstimmung mit dem Willen des Schöpfers zur Vollendung zu gelangen.

Das haben auch der Buddha und andere große Meister gelehrt, die von Zeit zu Zeit auf die Erde gekommen sind, um den Menschen den Weg zur Vollkommenheit zu weisen. Es gibt für die Menschen keinen halben Weg. Die Wahrheit muß anerkannt werden, und der Mensch muß sich mit der unendlichen Liebe seines Schöpfers vereinigen.

Und so tretet nun, meine Brüder und Schwestern, in den herrlichen Sonnenschein der Gewißheit eurer eigenen Göttlichkeit, und macht euch mit Ernst und Unerschütterlichkeit an die Arbeit, euch mit dem großen göttlichen Plan zu verbinden, glücklich zu sein und Glück auszustrahlen, gemeinsam mit der großen Weißen Bruderschaft, deren ganzer Existenzsinn darin besteht, dem Willen ihres Gottes zu gehorchen und ihren jüngeren Geschwistern mit Freude zu dienen.

TEIL II

Ute York

DIE 38 BACHBLÜTEN

Ihre Eigenschaften und Wirkungen

Vorbemerkung

Im folgenden Teil können alle, die sich für die praktische Anwendung der Bachblütentherapie interessieren, rasch und ohne große Mühe alles Wissenswerte über die 38 Bachblüten (zuzüglich Rescue, der Notfalltropfen) herausfinden.

- Die *Namen der Blüten* in alphabetischer Reihenfolge, dazu jeweils eine *Kurzcharakteristik.*

- Die Gruppe der sieben hauptsächlichen *Gemütszustände,* der Dr. Bach die betreffende Blüte zugeordnet hat. Wundern Sie sich bitte nicht, wenn Sie nicht in jedem Fall nachvollziehen können, warum eine Blüte in diese oder jene Kategorie gehört. Dr. Bach hat diese sieben Kategorien, die für ihn die Ursache aller Krankheiten waren, bereits erfolgreich verwendet, als er seine Patienten noch mit seinen Darm-Nosoden behandelte, und später einfach beibehalten. Daß die Zuordnung in dem einen oder anderen Fall nicht gleich einleuchtend erscheinen mag, hat ihn nicht weiter gestört.

- In der Rubik *»Schlüsselwörter«* sind stichwortartig die typischen Probleme aufgeführt, bei denen die betreffende Blüte helfen kann.

- Beim *»Botanischen Hintergrund«* können Sie nachlesen, von welcher Pflanze die Blüte eigentlich stammt.

- *»Dr. Bach über…«* ist der Originalton des großen Arztes.

– In der Rubrik »*Für wen ist… geeignet?*« finden sich jeweils:

☼ unerwünschte *seelische Zustände* (beziehungsweise »Charakterfehler« oder menschliche Schwächen), die mit Hilfe der betreffenden Blüte behandelt werden können (gekennzeichnet durch das Sonnensymbol).

☆ Eigenschaften, Erkrankungen und Probleme von *Kindern*, bei denen sich die betreffende Blüte bewährt hat (Sternsymbol).

☾ Die *körperlichen Symptome und Probleme*, die erfahrungsgemäß häufig die Folgen der negativen Gemütszustände sind. Zusätzlich werden in einigen Fällen noch *Krisensituationen* aufgeführt, bei denen sich die jeweilige Blütenessenz bewährt hat (Mondsymbol).

– In der Rubrik »*Was kann… bewirken?*« ist aufgeführt, welche Wirkung sich Dr. Bach im *Idealfall* erhoffte. Realistischerweise muß hinzugefügt werden, daß dieser Idealfall nicht immer eintrifft, aber die Aussicht auf eine Verbesserung des Urzustandes besteht immer.

– In vielen Fällen reicht eine einzige Blütenessenz einfach nicht aus. Deshalb sind dann für jede Blüte *bewährte Blütenkombinationen* angegeben.

– Schließlich finden astrologisch Interessierte das *jeweilige Tierkreiszeichen*, dem die Astrologen die einzelnen Blüten zuordnen.

AGRIMONY

Die »Keep-smiling«-Blüte

Aus der Bachblütengruppe:
Überempfindlichkeit für Einflüsse und Ideen anderer

Schlüsselwörter
Aufgesetzte Fröhlichkeit, vorgetäuschte Sorglosigkeit, immer nur lächeln, immer vergnügt, Probleme herunterspielen, nur ja den Schein wahren; wie's drinnen aussieht, geht niemand was an; Betriebsnudel, Witzbold.

Botanischer Hintergrund
Hinter Agrimony, botanischer Name *Agrimonia eupatoria*, verbirgt sich die schlichte, anspruchslose Wildpflanze Odermennig, die auch bei uns millionenfach am Wegrand wächst. Im Juli/August trägt sie eine Fülle kleiner gelber Blüten, die, wie Dr. Bach einmal sagte, »wie die Spitze eines Kirchturms« aussähen, an dem die Samen hingen wie kleine Glocken, die bereit wären, den Frieden der Seele einzuläuten. Der poetische und hochsensitive Dr. Bach verband mit dieser unauffälligen Pflanze stille Lebensfreude und echten Optimismus.

Dr. Bach über Agrimony
»Für die jovialen, stets fröhlichen, humorvollen Menschen, die gern in Frieden leben und Streit und Auseinandersetzungen so verabscheuen, daß sie zu vielem bereit sind, wenn sie Streit und Disharmonien dadurch vermeiden können. Obgleich auch sie im allgemeinen Probleme haben, die sie körperlich und seelisch quälen und nicht zur Ruhe kommen lassen, verstecken sie ihre Sorgen hinter einer stets für einen Scherz bereiten Fassade, und jedermann glaubt, daß es gut sei, sie zum Freund zu haben. Oft nehmen sie exzessiv Alkohol und Drogen, um sich selbst zu sti-

mulieren, damit sie ihre Probleme mit einem Lächeln im Gesicht ertragen können.«

Für wen ist Agrimony geeignet?

☼ Für alle Betriebsnudeln, Stammtischbrüder, Seelentröster, Alleinunterhalter, Witzeerzähler, Strahlemännchen, Sonnyboys, die ihre wahren Gefühle hinter einer Maske der Fröhlichkeit verbergen. Für diejenigen, die nicht zugeben können, daß es ihnen nicht gutgeht, weil sie Traurigsein für eine Schwäche halten, und für die, die Angst vor Auseinandersetzungen haben und deshalb um des lieben Friedens willen nachgeben.

☆ Für Kinder, die immer herumkaspern oder den Klassenclown spielen, und für Teenager, die glauben, pausenlos »cool« sein zu müssen.

☾ Für Menschen, die befürchten, daß sie am Rande eines psychischen Zusammenbruchs stehen, die sich nur noch mit Alkohol, Nikotin und Drogen über den Tag retten können und die aus diesen Gründen unter Rastlosigkeit, Schlafstörungen, Krämpfen, Verspannungen, häufigen Schmerzen und Verstopfung leiden.

Was kann Agrimony bewirken?

Agrimony kann einen Menschen sowohl von seinem Image als auch von den oben genannten Beschwerden befreien, bisweilen sogar von den damit verbundenen gesundheitsschädigenden »Lastern«. In erster Linie verhilft einem die Blüte jedoch dazu, sich selbst und anderen Menschen gegenüber ehrlicher zu werden, ohne Angst zu haben, daß man deswegen das Gesicht, den Ruf oder die Freunde verlieren könnte.

Eventuell zusätzlich zu Agrimony

– Cherry Plum, wenn die gespielte Heiterkeit mehr Kräfte verschlingt, als man besitzt.

- Mimulus, gegen die Angst, man selbst zu sein.
- Larch, zur Stärkung des Selbstbewußtseins.

Astrologisches Zeichen:
Schütze

ASPEN

Die »Wer-hat-Angst-vorm-schwarzen-Mann«-Blüte

Aus der Bachblütengruppe:
Angst

Schlüsselwörter
Undefinierbare Ängste, dunkle Vorahnungen, Alpträume, Angst vor der Angst, Angst vor negativen Energien, Angsthase, abergläubisch; Gänsehaut kriegen, Haare stehen zu Berge; Phobien, geheime unerklärliche Angst, grundlose Ängste, Angst vor Dunkelheit, Verfolgung, Schicksalsschlägen, Alpträume.

Botanischer Hintergrund
Aspen, botanischer Name *Populus tremula,* ist bei uns als Espe bekannt bzw. als Zitterpappel. Sie wächst überall in Europa, am liebsten dort, wo sie viel Licht bekommt. Ihre Blütenkätzchen erscheinen im März und April, noch vor den Blättern.

Dr. Bach über Aspen
»Gegen vage, unbekannte Ängste, für die es weder einen Grund noch eine Erklärung gibt. Der Patient hat große Angst, daß etwas Furchtbares geschehen wird, er weiß allerdings nicht, was. Diese unbestimmte, unerklärliche Angst verfolgt ihn möglicherweise Tag und Nacht. Wer darunter leidet, hat nicht den Mut, mit anderen über dieses Problem zu reden.«

Für wen ist Aspen geeignet?
- Für alle, die von Angstzuständen verfolgt und von Chimären gejagt werden; die sich vor der Dunkelheit fürchten, vor Verfolgung, dem bösen Wolf unterm Bett, Vergewaltigung, vor Gespenstern, Dämonen, Räubern, vorm »schwarzen Mann«, der Macht des bösen Schicksals, der Strafe der Götter, vor

Spinnen, Schlangen, Aids, vor dem plötzlichen Tod und ganz besonders vor der Hölle; kurz, für alle, die ohne erkennbaren Grund »zittern wie Espenlaub«.

☆ Für Kinder, die nie ohne Licht einschlafen können, die von Alpträumen gepeinigt werden oder unter *Pavor nocturnus*, nächtlichen Panikattacken, leiden.

☾ Für Menschen mit Verfolgungswahn, Schweißausbrüchen, Herzklopfen und vor Angst schneeweißem Gesicht. Für Menschen, die im Schlaf sprechen oder plötzlich aufschreien, für Schlafwandler und Mondsüchtige.

Was kann Aspen bewirken?

Aspen kann dazu verhelfen, die Ursache der Ängste zu erkennen, die Angst vor der Angst zu verlieren und dem Leben – dem Tag wie der Nacht – mit Tatkraft, Optimismus und Selbstvertrauen zu begegnen.

Eventuell zusätzlich zu Aspen

- Rock Rose, wenn die Angst zur Panik wird.
- Gentian, gegen das Gefühl, aufgeben zu wollen.
- Mimulus, wenn zu den diffusen Ängsten noch Ängste vor konkreten Dingen kommen.

Astrologisches Zeichen:

Fische

BEECH

Die Besserwisserblüte

Aus der Bachblütengruppe:
übergroße Sorge um das Wohl anderer

Schlüsselwörter
Intoleranz, Kritisierwut, nörgeln, beschweren, Haarspalterei, Besserwisserei, Schulmeisterei; immer nur das Schlechte sehen, Miesmacher, spitze Zunge.

Botanischer Hintergrund
Beech wird aus den Blüten der Rotbuche, *Fagus silvatica*, gewonnen. Der stattliche, sommergrüne Laubbaum trägt längliche oder eiförmige Blätter und blüht zwischen Mai und Juni.

Dr. Bach über Beech
»Für Menschen, die das Bedürfnis haben, mehr Gutes und mehr Schönes in ihrer Umgebung zu sehen. Und obgleich vieles im argen zu liegen scheint, möchten sie das Talent besitzen, den guten Kern in allem zu entdecken. Dadurch können sie toleranter, nachgiebiger und verständnisvoller zuschauen, wie jedes Individuum und alle Dinge auf ihre Weise der Vollkommenheit näherkommen.«

Für wen ist Beech geeignet?
- ☼ Für alle diejenigen, die in allem und jedem zuerst immer das Negative entdecken und sich damit, auch wenn sie meistens recht haben, zunehmend unbeliebt machen, weil man sie für kleinkariert, rechthaberisch, überkritisch und intolerant hält.
- ☆ Für Kinder, die als geborene Nörgler auf die Welt gekommen zu sein scheinen und damit – und mit ihrer Altklugheit – ihre Eltern zur Verzweiflung bringen.

☾ Für Menschen, die aufgrund dieser Charaktereigenschaften klassische Kandidaten für Allergien aller Art sind.

Was kann Beech bewirken?
Beech fördert die Erkenntnis, daß niemand frei von Fehlern und Schwächen ist, nicht einmal man selbst, und diese Einsicht führt allmählich dazu, daß auch chronische Besserwisser verständnisvoller, toleranter und liebenswerter werden.

Eventuell zusätzlich zu Beech
- Impatiens bei Rechthaberei in Verbindung mit Ungeduld.
- Vine, bei der Tendenz zu gnadenlosen Urteilen.
- Water Violet, bei Überheblichkeit.

Astrologisches Zeichen:
Steinbock

CENTAURY

Die Blüte für Jasager und Duckmäuser

Aus der Bachblütengruppe:
Überempfindlichkeit gegenüber Einflüssen und Ideen

Schlüsselwörter
Unterwürfigkeit, Willensschwäche, grenzenlose Gutmütigkeit, nie nein sagen können, konfliktscheu, Pantoffelheld, zu allem ja und amen sagen.

Botanischer Hintergrund
Die Essenz Centaury wird aus der Blüte des Tausendgüldenkrauts gewonnen (botanischer Name *Centaurium umbellatum*). Die Pflanze aus der Gruppe der Wildkräuter, die man besonders auf trockenen, nährstoffarmen Böden findet, trägt zwischen Juni und August einen Schirm aus rosa Blüten.

Dr. Bach über Centaury
»Für freundliche, ruhige, sanfte Menschen, die sich nur zu eifrig für andere einsetzen und dabei die eigenen Kräfte überschätzen. Ihr Wunsch zu helfen ist so stark, daß sie darüber mehr zu Dienern werden als zu willigen Helfern. Ihre Gutmütigkeit führt dazu, daß sie mehr als nur ihren Teil an Arbeit übernehmen und darüber möglicherweise ihre besondere Lebensaufgabe vernachlässigen.«

Für wen ist Centaury geeignet?
- Für alle, die sich grundsätzlich ein Bein ausreißen, um anderen einen Gefallen zu tun, die aber insgeheim darunter leiden, daß ihr Mangel an Selbstbewußtsein und ihre übertriebene Sehnsucht nach Anerkennung dazu führt, daß sie sich von jedem gnadenlos ausnutzen lassen.

☆ Für Kinder, die allzu liebenswert und pflegeleicht sind – und dadurch in Gefahr geraten, als Duckmäuser zu gelten.

☾ Für Menschen, die immer so wirken, als würden sie sich am liebsten unsichtbar machen: blaß, kraftlos, freudlos und ständig erschöpft. Für Menschen, die häufig (aber ganz leise!) über Kreuzschmerzen oder Beschwerden an der Wirbelsäule klagen.

Was kann Centaury bewirken?
Centaury trägt dazu bei, selbstbewußter zu werden und staunend zu erkennen, daß es gar nicht unbedingt nötig ist, allen Menschen zu gefallen. Und nicht nur das: Mit wachsender Selbstsicherheit legt man nicht nur die Unterwürfigkeit ab, sondern stellt sogar mit großer Befriedigung fest, daß es eine ganze Reihe von Menschen gibt, denen man gar nicht gefallen will!

Eventuell zusätzlich zu Centaury
- Larch, für mehr Selbstbewußtsein.
- Red Chestnut, wenn die Selbstlosigkeit krankhafte Ausmaße annimmt.
- Cerato, wenn sexuelle Hörigkeit im Spiel ist.

Astrologisches Zeichen:
Fische

CERATO
Die Mitläuferblüte

Aus der Bachblütengruppe:
Unsicherheit

Schlüsselwörter
Selbstzweifel, Beeinflußbarkeit, Unsicherheit, übertriebene Anpassungsfähigkeit, Autoritätsgläubigkeit, nachäffen, Entscheidungsschwäche.

Botanischer Hintergrund
Cerato, unser Bleiwurz, botanischer Name *Ceratostigma willmottiana,* stammt ursprünglich aus dem Himalaja, wächst in England wild (ist aber auch häufig in Bauerngärten zu finden) und trägt im Spätsommer (August–September) zahllose kleine blaue Blüten.

Dr. Bach über Cerato
»Für diejenigen, die nicht genügend Selbstvertrauen haben, ihre eigenen Entscheidungen zu treffen. Sie suchen ständig bei anderen Rat und lassen sich häufig in die Irre führen.«

Für wen ist Cerato geeignet?
☼ Für alle diejenigen, die keinen Entschluß fassen können, die keine eigene Meinung haben oder die sich nicht trauen, sie zu äußern, weil sie glauben, daß alle anderen, erst recht die »Oberen«, sowieso schöner und klüger sind als sie selbst und alles besser wissen.
☆ Für Kinder, die sich nie für etwas entscheiden können, immer um Rat fragen und dadurch extrem unselbständig wirken.
☾ Für Menschen, die häufig niedergeschlagen und depressiv wirken.

Was kann Cerato bewirken?
Cerato verhilft dazu, der inneren Stimme zu vertrauen, sich eine eigene Meinung zu bilden und diese nach außen hin zu vertreten, selbst auf die Gefahr hin, daß man sich geirrt hat.

Eventuell zusätzlich zu Cerato
- Larch, um das Selbstbewußtsein zu stärken.
- Pine, wenn man ständig von seinem schlechten Gewissen geplagt wird.
- Mimulus, gegen die Angst, etwas falsch zu machen.

Astrologisches Zeichen:
Zwillinge

CHERRY PLUM
Die Blüte für HB-Männchen

Aus der Bachblütengruppe:
Angst

Schlüsselwörter
Ausrasten, durchdrehen, Kurzschluß, Nervenzusammenbruch, ausflippen, hysterisch werden, aus der Haut fahren, explodieren.

Botanischer Hintergrund
Cherry Plum, die Kirschpflaume *(Prunus cerasifera),* ist ein robuster Busch, der in England, ähnlich dem Weißdorn und der Schlehe, als Windschutz am Rande von Obstplantagen angepflanzt wird. Die reinweißen Blüten öffnen sich zwischen Februar und April.

Dr. Bach über Cherry Plum
»Gegen die Angst, daß der Kopf überfordert werden könnte. Die Angst, den Verstand zu verlieren und entsetzliche und fürchterliche Dinge zu tun, die man nicht tun möchte und von denen man genau weiß, daß sie falsch sind. Und trotzdem kommt es einem in den Sinn, und man verspürt den Drang, sie zu tun.«

Für wen ist Cherry Plum geeignet?
✿ Für alle, die befürchten, daß sie kurz vorm Ausrasten sind, bald in die Klapsmühle kommen, auf einem Pulverfaß sitzen, jeden Moment explodieren können, in Gefahr sind, Amok zu laufen, gewalttätig zu werden; die an Selbstmord denken und die in ihrem Jähzorn andere oft an das HB-Männchen aus der Kinowerbung erinnern.
☆ Für Kinder mit Alpträumen, für Bettnässer, Nägelkauer, Stotterer und Dauerkreischer.

☾ Für Menschen, die an Heulkrämpfen, hysterischen Anfällen, Psychosen, Nervenzusammenbrüchen leiden.

Die Wirkung von Cherry Plum

Cherry Plum verhilft dazu, die angestauten Emotionen unter Kontrolle zu bekommen, souverän zu bleiben, auch unter Druck, und die Temperamentsausbrüche auf gefahrlose Art und Weise auszuleben (durch Bewegung, Kampfsport etc.).

Eventuell zusätzlich zu Cherry Plum

- Rock Rose, wenn man befürchtet, den Verstand zu verlieren.
- Oak (rechtzeitig), wenn man aus Erfahrung weiß, daß man immer in extremen Streßsituationen in diesen Zustand gerät.

Astrologisches Zeichen:

Skorpion

CHESTNUT BUD

Die Blüte für Wiederholungstäter und Spätzünder

Aus der Bachblütengruppe:
mangelndes Interesse an der Gegenwart

Schlüsselwörter
Ich lerne es nie, immer in dieselbe Falle laufen, in jedes offene Messer laufen, schusselig, Chaot, Bruder Leichtfuß, chronischer Zuspätkommer, unkonzentriert; wie oft muß ich dir noch sagen...

Botanischer Hintergrund
Diese Essenz stammt ausnahmsweise nicht von den Blüten, sondern von den Knospen der Roßkastanie *(Aesculus hippocastanum)*, die unter einer klebrigen Schicht sowohl Blüten als auch Blätter verbergen. Die Blüten selbst werden für eine andere Essenz verwendet (White Chestnut). Die Knospen zeigen sich meist im April. Blütezeit ist dann im Mai/Juni.

Dr. Bach über Chestnut Bud
»Für jene, die aus ihren Erfahrungen und Beobachtungen nicht genug zu lernen scheinen und länger als andere brauchen, um die Lektionen des täglichen Lebens zu begreifen. Während bei manchen Menschen eine einzige Erfahrung genügt, ist es für diese notwendig, mehrere zu erleben, bis sie die Lektion begriffen haben. Deshalb müssen sie zu ihrem Bedauern feststellen, daß sie den gleichen Fehler bei verschiedenen Gelegenheiten immer wieder machen, obgleich einmal wirklich genügt hätte.«

Für wen ist Chestnut Bud geeignet?
- Für Menschen, die in jedes offene Messer laufen; die sich immer wieder in den gleichen Typ Mann oder Frau verlieben

(und dann unglücklich werden); die aus Schaden nie klug werden, immer wieder auf die Nase fallen.

☆ Für Kinder, die extrem schusselig sind, in der Schule den Eindruck erwecken, daß sie nicht die Schnellsten sind; die stark zu Flüchtigkeitsfehlern neigen, ein schwaches Gedächtnis und »eine lange Leitung« haben.

☾ Für Menschen, die an Migräne leiden, zu Anfallsleiden neigen sowie zu Hautproblemen und zu kleinen Unfällen aus Unachtsamkeit.

Was kann Chestnut Bud bewirken?

Chestnut Bud beschleunigt den geistigen Reifeprozeß und verhilft dazu, nicht jeden Fehler mehrmals machen zu müssen, sondern nur einmal. In manchen Fällen lernen die Verwender sogar, aus der Beobachtung zu lernen, so daß sie sich sogar den ersten Fehler ersparen können.

Eventuell zusätzlich zu Chestnut Bud

- Clematis, wenn man zu den Traumtänzern gehört.
- Scleranthus, wenn man sich allzu bereitwillig ablenken läßt.
- Larch, für mehr Selbstbewußtsein.

Astrologisches Zeichen:

Wassermann

CHICORY

Die Blüte für Menschen mit Helfersyndrom

Aus der Bachblütengruppe:
übertriebene Fürsorge für andere

Schlüsselwörter
Ichbezogenheit, immer im Mittelpunkt stehen wollen, Selbstmitleid, klammern, Liebeshunger, Übereifer; aber ich tu doch alles; keiner hat mich lieb; übertriebene Fürsorge, nachtragend.

Botanischer Hintergrund
Chicory *(Cichorium intybus)*, die Wegwarte, kennen alle, wenn auch nicht unbedingt ihren Namen. Sie wächst überall am Wegesrand, besonders gern auf kargem Boden, und trägt vom Frühsommer bis zum Herbst, vor allem in der Morgenfrühe und nach kräftigem Regen, wunderschöne, leuchtendblaue, sternförmige Blüten.

Dr. Bach über Chicory
»Für Menschen, die sehr um das Wohl anderer besorgt sind. Sie bemühen sich allzusehr um Kinder, Verwandte, Freunde und finden immer etwas, was sie in Ordnung bringen müssen. Sie sind pausenlos damit beschäftigt, das, was ihrer Meinung nach falsch ist, in Ordnung zu bringen, und sie tun das gern. Sie wünschen sich, daß die Menschen, um die sie sich sorgen, in der Nähe leben.«

Für wen ist Chicory geeignet?
- Für alle, die dazu neigen, geliebte Menschen mit ihrer Fürsorge zu erdrücken, sie mit guten Ratschlägen zu überschütten, auch wenn das gar nicht erwartet wird (»Ich will ja nur dein Bestes!«), sich für ihre Mitmenschen ein Bein auszu-

reißen, sich mit Hochgenuß für andere aufzuopfern, und die dann überaus gekränkt und nachtragend sind, wenn die erwartete Dankbarkeit ausbleibt. Für alle, deren Helfersyndrom in Psychoterror, Herrschsucht und Manipulation ausartet. Für freiwillige Märtyrer, die dann im Selbstmitleid ertrinken. Für alle, die glauben, daß sie sich die Liebe der anderen »verdienen« müssen, und eifersüchtig sind, wenn sie erfahren, daß andere Menschen womöglich mehr geliebt werden als sie – ganz ohne Gegenleistung.

☆ Für kleine Kinder, die zu übertriebenem Klammern neigen (»Mama, du sollst nicht weggehen!«), und für Supermütter, die das fördern!

☾ Für Menschen, die sich in Neurosen oder Krankheiten (echte und eingebildete!) flüchten, damit sie endlich die Gegenliebe bekommen, die ihnen ihrer Meinung nach zusteht.

Was kann Chicory bewirken?

Chicory bringt die übertriebenen Gefühle auf ein normales Maß und lehrt, Liebe zu schenken, ohne zu klammern; zu helfen, ohne Gegenleistung zu erwarten; und die Zufriedenheit darüber aus sich selbst zu beziehen.

Eventuell zusätzlich zu Chicory

- Heather, wenn man so handelt, weil man Sehnsucht nach Liebe hat.
- Holly, wenn der »Undank« der anderen zu Haß führt.
- Willow, wenn der Undank zu Verbitterung führt.

Astrologisches Zeichen:

Stier

CLEMATIS

Die Traumtänzerblüte

Aus der Bachblütengruppe:
ungenügendes Interesse an der Gegenwart

Schlüsselwörter
Luftschlösser bauen, unkonzentriert, geistesabwesend, verträumt, nicht ganz da, unpraktisch, zwei linke Hände haben, Rückzug, Wanderer zwischen zwei Welten, Phantast.

Botanischer Hintergrund
Clematis vitalba, die weiße Waldrebe mit den zarten, duftenden Blüten, ist in der Natur weit verbreitet, besonders auf kalkhaltigem Boden, und wunderschön anzuschauen, im eigenen Garten dagegen eine wahre Landplage, weil die starkwüchsige Pflanze sowohl das Erdreich mit ihrem Stamm unterwandert als auch überirdisch alles umschlingt oder überwuchert.

Dr. Bach über Clematis
»Für Menschen, die verträumt sind, ein bißchen schläfrig, nie so ganz da. Ruhige Menschen, die mit ihrer momentanen Lebenssituation nicht recht glücklich sind, mehr in der Zukunft leben als in der Gegenwart, in der Hoffnung auf bessere Zeiten, in denen ihre Ideale Wirklichkeit werden können. Bei Krankheiten unternehmen einige von ihnen wenig oder gar keine Anstrengungen, wieder gesund zu werden, und in manchen Fällen sehnen sie sich nach dem Tod – in der Hoffnung auf bessere Zeiten und vielleicht sogar auf ein Wiedersehen mit einem geliebten Verstorbenen.«

Für wen ist Clematis geeignet?

☼ Für alle, bei denen einem der Begriff »zerstreuter Professor« in den Sinn kommt oder die Kategorie »liebenswerte Spinner und Träumer«; die nie mit beiden Füßen auf dem Boden sind, sondern mit mindestens einem Fuß in einer Phantasiewelt leben, womöglich dort, wo man schon die Sphärenmusik hören kann, jedenfalls dort, wo es keinen Alltag gibt. Für Menschen aller Altersklassen, die viele Träume und wunderbare Ideen haben, aber zu apathisch und geistesabwesend sind, um sie in die Tat umzusetzen; zumindest haben sie zwei linke Hände und ein schlechtes Gedächtnis.

☆ Für Kinder, die im Unterricht überdurchschnittlich häufig schlafen und unkonzentriert sind und denen der Zorn der Lehrer gar nichts ausmacht.

☾ Für alle, die sehr häufig blaß, still und teilnahmslos wirken und wie aufgezogen umherlaufen, so, als stünden sie unter Alkohol- oder Drogeneinfluß (was bei Clematis-Menschen auch nicht selten der Fall ist). Für Menschen, die zu schwer erklärbaren Ohnmachten oder zur Geistesabwesenheit neigen und die weit überdurchschnittlich viel Schlaf brauchen. Für alle, die schlecht hören und schlecht sehen (weil sie das, was in der Realität vor sich geht, kaum interessiert). Für Kranke, die nicht den Willen aufbringen, wieder gesund zu werden.

Was kann Clematis bewirken?

Mit Clematis kann es gelingen, auch hoffnungslos scheinende Träumer in die Wirklichkeit zurückzuholen. Sie lernen es, Freude an der Gegenwart zu finden, ohne den Zugang zu ihrer anderen Welt zu verlieren. Statt dessen versuchen sie nun, durch Schreiben, Dichten, Malen oder eine andere Form der Kreativität ihre Träume den Bewohnern der realen Welt zugänglich zu machen.

Eventuell zusätzlich zu Clematis

- Star of Bethlehem, wenn man sich immer dann, wenn's kritisch wird, in eine Ohnmacht flüchtet.
- White Chestnut, wenn Gefahr droht, daß die Traumtänzer völlig den Bezug zur Realität verlieren und »abheben«.

Astrologisches Zeichen:
Krebs

CRAB APPLE
Die Reinigungsblüte für Körper und Seele

Aus der Bachblütengruppe:
Mutlosigkeit und Verzweiflung

Schlüsselwörter
Selbstekel, Scham, Pickel, Hautunreinheiten, Hautkrankheiten, Körperschweiß, Waschzwang, Putzfimmel, pedantisch, pingelig, »sündig«.

Botanischer Hintergrund
Der Holzapfel *(Malus pumila)*, Vorfahre unserer heutigen Apfelbäume, ist mittlerweile – zumindest in einigen Arten – vom Aussterben bedroht. Die Blüten des häufig mit Dornen bewachsenen Strauchs gleichen unseren Apfelblüten (außen rosa, innen schneeweiß) und erscheinen auch zur gleichen Zeit, nämlich zwischen April und Mai. Die Früchte sind in der Heilkunde wegen ihrer entgiftenden, darmreinigenden Wirkung bekannt. Diese Wirkung hat Dr. Bach auch im seelischen Bereich erkannt.

Dr. Bach über Crab Apple
»Das ist das Heilmittel für die Reinigung. Für Menschen, die sich so fühlen, als ob ihnen etwas Unreines anhaftet. Oft ist es scheinbar etwas völlig Bedeutungsloses. In anderen Fällen mag es sich um eine ernsthafte Krankheit handeln, die fast übersehen wird, weil sie sich völlig auf ein anderes Thema konzentrieren. In beiden Fällen sehnen sie sich danach, von dem Problem befreit zu werden, das ihr Gemüt belastet und das ihrer Ansicht nach am dringendsten geheilt werden müßte. Sie werden völlig mutlos, wenn die Behandlung nicht hilft.

Als Reinigungsmittel kann diese Essenz auch Wunden reinigen, falls der Patient davon überzeugt ist, daß irgendein Gift in seinen Körper eingedrungen ist, das entfernt werden muß.«

Für wen ist Crab Apple geeignet?

☼ Für alle, die sich körperlich oder seelisch beschmutzt fühlen.
- Für Frauen mit einem ausgeprägten Putzfimmel, Teenager, die wegen eines Pickels oder einer Warze in Verzweiflung geraten; die sich übertrieben vor Bakterien fürchten, weil sie ständig und überall Angst haben, sich anzustecken; die vor Schmutz oder schlechten Gerüchen jeder Art höchsten Ekel empfinden.
- Für alle, deren Ordnungssinn in Gefahr ist, in unerträgliche kleinliche Pedanterie auszuarten, und die riskieren, anderen mit ihrem Sauberkeitswahn auf die Nerven zu gehen.

☆ Für Kinder mit Masern, Röteln, Windpocken, Allergien und anderen Kinderkrankheiten, die mit Hautausschlägen verbunden sind.

☾ Für alle, die unter neurotischem Waschzwang leiden und die Probleme mit der Sexualität haben.
- Für alle, die mit allergischen Hautausschlägen, Hautkrankheiten und chronischen Entzündungen sowie Verstopfung oder Körpergeruch zu tun haben.
- Bei morgendlicher Übelkeit während der Schwangerschaft.
- Nach Mißbrauch oder Vergewaltigung.

Was kann Crab Apple bewirken?

Crab Apple kann dazu verhelfen, eine gesunde Einstellung zu innerlicher und äußerlicher Sauberkeit zu entwickeln, und dazu beitragen, ein natürliches Verhältnis zum eigenen Körper zu bekommen. Extreme Ordnungsliebe wird in erträgliche Bahnen gelenkt, überzogene Moralvorstellungen werden revidiert. Gleichzeitig kann Crab Apple infolge seiner blutreinigenden Wirkung bei Entzündungen und Hautkrankheiten heilend wirken.

Eventuell zusätzlich zu Crab Apple

- Star of Bethlehem, wenn der Ekel krankhafte Ausmaße annimmt.
- Mimulus, wenn die Angst vor Ansteckung eine große Rolle spielt.
- Chestnut Bud, gegen immer wiederkehrende Zwangsvorstellungen.
- Pine, gegen die Körperfeindlichkeit.

Astrologisches Zeichen:
Jungfrau

ELM
Die Mutmachblüte

Aus der Bachblütengruppe:
Mutlosigkeit und Verzweiflung

Schlüsselwörter
Angst, einer Aufgabe nicht gewachsen zu sein; Selbstzweifel, physische und psychische Erschöpfung, ausgebrannt; alles wächst einem über den Kopf; man hat sich übernommen; ich kann nicht mehr.

Botanischer Hintergrund
Elm, die Ulme *(Ulmus procera)* ist ein sommergrüner Laubbaum, der ursprünglich nur auf den Britischen Inseln wuchs, meist am Straßenrand. Die Bach-Essenz stammt von den kleinen, traubenförmigen Blüten, die zwischen Februar und März erscheinen, noch bevor die ersten Blätter austreiben.

Dr. Bach über Elm
»Für Menschen, die gute Arbeit leisten, ihrer Berufung folgen und die Hoffnung hegen, daß sie etwas Wichtiges tun, das dem Wohl der Menschheit dient. Bisweilen erleben sie jedoch Zeiten der Niedergeschlagenheit, dann glauben sie, die Aufgabe, die sie übernommen haben, ist zu schwer für sie und übersteigt die menschlichen Kräfte.«

Für wen ist Elm geeignet?
- Für alle, die eine Menge verkraften können, aber nun die Grenze der Belastbarkeit erreicht haben; wenn der Streß so groß wird, daß selbst Kleinigkeiten sie überfordern; wenn sie sich zu fragen beginnen, ob sie ihrer Aufgabe überhaupt gewachsen sind (woran bisher nie ein Zweifel bestand); wenn sie

Versagensängste hegen und kurz vorm Zusammenbruch stehen, aber trotzdem nicht die Notbremse ziehen.

☆ Für Kinder, die eine Aufgabe übernommen haben, die sie eigentlich leicht bewältigen können (Hauptrolle im Theaterstück, Referat), aber plötzlich völlig verzagt sind und glauben, sie schaffen es nie.

☾ Für Manager, die wegen Dauerstreß zu Bluthochdruck, Schlaganfall und Herzinfarkt neigen. Für tatkräftige, erfolgreiche Männer und Frauen, die sich ausgebrannt fühlen und am Rande einer Depression stehen. Für alle, die sich, weil sie so tüchtig sind, für unersetzbar halten und trotz verschiedener Warnzeichen erst ruhen, wenn sie eine längere Krankheit zu der Zwangspause verdonnert, die sie sich selbst nicht zugestehen wollen.

– Für alle, die ihre Erschöpfung einer »Midlife-crisis« zuschreiben.

Was kann Elm bewirken?

Elm, rechtzeitig eingenommen, kann dazu verhelfen, das angeschlagene Selbstvertrauen zu stärken und die Leistungsfähigkeit für kurze Zeit noch einmal so zu mobilisieren, daß man mit letzter Kraft durchhält, bis das Examen bestanden, der wichtige geschäftliche Termin überstanden ist. Aber Vorsicht: Gegen die Folgen von Dauerstreß ist auch Elm machtlos.

Eventuell zusätzlich zu Elm

- Oak, wenn der Druck in erster Linie von außen kommt.
- Star of Bethlehem, wenn Gefahr besteht, daß ein einziger Tropfen das Faß zum Überlaufen bringt.
- Olive, zur Stärkung.
- Gentian, gegen ungewohntes, untypisches Schwarzsehen.

Astrologisches Zeichen:

Zwillinge

GENTIAN

Die Schwarzseherblüte

Aus der Bachblütengruppe:
Mutlosigkeit und Skepsis

Schlüsselwörter
Unsicherheit, Mutlosigkeit, Verzagtheit; hat ja sowieso keinen Zweck; Pessimismus, Zweifel, übergroße Skepsis

Botanischer Hintergrund
Gentian, der Herbstenzian *(Gentiana amarella)*, ist eine zähe kleine Pflanze, die auch auf kärgstem Boden überleben kann. Vom Spätsommer bis in den Herbst hinein trägt sie wunderschöne, leuchtendblaue Blüten.

Dr. Bach über Gentian
»Für diejenigen, die sich leicht entmutigen lassen. Selbst wenn sie – bei einer Krankheit oder in den Dingen des täglichen Lebens – gute Fortschritte machen, kann der kleinste Rückschlag, das kleinste Hindernis Zweifel am Vorwärtskommen verursachen und sie völlig entmutigen.«

Für wen ist Gentian geeignet?
- ☼ Für alle, die beim kleinsten Hindernis den Kopf hängen lassen, weil sie von vornherein davon überzeugt sind, daß alles, was sie tun, sowieso schiefgeht; die vor jedem Hindernis die Flinte ins Korn werfen, sich absolut nichts zutrauen, den Mißerfolg für sich gepachtet haben und sich für einen Versager halten. Für Menschen, die unter Prüfungsängsten leiden, auch wenn sie ausgezeichnet vorbereitet sind.
- ☆ Für Kinder, die sofort aufgeben, wenn etwas nicht auf Anhieb klappt (Fahrradfahren, Eislaufen, Mathe, Stricken etc.); die

noch ins Bett machen und deswegen niedergeschlagen und mutlos sind.

☾ Für Kranke, die glauben, daß sie sowieso nie wieder gesund werden, obgleich sie gute Chancen haben; auch bei Rückfällen, wenn ein Patient schon auf dem Wege der Besserung war.
- Für Menschen, die zu Depressionen neigen, wenn ihnen etwas mißlingt.
- Für Frauen, die nach einer Gebärmutterentfernung bzw. Brustamputation depressiv und niedergeschlagen sind, weil sie glauben, ihre Weiblichkeit verloren zu haben.

Was kann Gentian bewirken?

Gentian stärkt das Selbstvertrauen, besiegt die Skepsis und erreicht, daß man auch kritische Situationen, vor denen man sein Leben lang davongelaufen ist, mit Mut und Optimismus angeht und auch dann nicht zusammenbricht, wenn einmal etwas schiefgelaufen ist.

Eventuell zusätzlich zu Gentian

- Honeysuckle, wenn man zu Unrecht immer mit Sehnsucht an die gute alte Zeit zurückdenkt.
- Walnut, wenn man voll Pessimismus einen neuen Lebensabschnitt beginnt.
- Mimulus, gegen die Angst vor dem Neuen.
- Larch, zur Stärkung des Selbstbewußtseins.

Astrologisches Zeichen:

Jungfrau

GORSE
Die schwärzeste Blüte von allen

Aus der Bachblütengruppe:
Mutlosigkeit und Hoffnungslosigkeit

Schlüsselwörter
Ich werfe das Handtuch, rabenschwarze Verzweiflung, deprimiert, Selbstaufgabe, keine Kraft mehr; alles hat keinen Sinn.

Botanischer Hintergrund
Gorse, der gelbe Stechginster *(Ulex europaeus)*, gedeiht am besten auf kargem, steinigem Boden und trägt von März bis Juni sonnengelbe Blüten.

Dr. Bach über Gorse
»Bei sehr großer Hoffnungslosigkeit, für Menschen, die den Glauben aufgegeben haben, daß ihnen noch zu helfen ist. Unter Druck, und um anderen eine Freude zu machen, probieren sie vielleicht noch andere Behandlungsmethoden aus, doch gleichzeitig versichern sie den Menschen um sich herum, daß wenig Hoffnung auf Besserung besteht.«

Für wen ist Gorse geeignet?
☼ Für alle, die nach einer Reihe von Niederlagen, in schwerer Krankheit oder in einer Lebenskrise den Glauben an sich selbst verloren haben. Deren Seele in ein abgrundtiefes schwarzes Loch gestürzt ist und die nicht mehr das geringste Interesse daran haben, sie dort herauszuholen. Gorse ist die Blüte für die tiefste Verzweiflung, für die schwärzeste Nacht.
☆ Für Kinder, die nach einem schlimmen Erlebnis innerlich erstarrt sind, für Außenseiter und Prügelknaben.
☾ Für Menschen, deren blassen, ausgezehrten, müden Gesich-

tern man die Resignation schon von weitem ansieht – nach einer schweren oder wiederholten Operation bei einer unheilbaren Krankheit, bei unerträglichen Schmerzen oder einer vernichtenden Diagnose, die alle Zukunftspläne zunichte macht (z. B. Sterilität, Querschnittslähmung).
- Für Menschen in einer schweren Depression.

Was kann Gorse bewirken?
Gorse kann das möglich machen, was niemand, der in einer solchen Lage ist, sich je vorzustellen vermag: neuen Lebensmut erwecken und wirklich nicht nur das Lippenbekenntnis, sondern die aufrichtige Überzeugung, daß man die Hoffnung niemals aufgeben dürfe.

Eventuell zusätzlich zu Gorse
- Mustard, in einer tiefen Depression.
- Gentian, für neuen Optimismus.
- Willow, gegen Selbstmitleid.

Astrologisches Zeichen:
Jungfrau

HEATHER

Die Blüte für unermüdliche Selbstdarsteller

Aus der Bachblütengruppe:
Einsamkeit

Schlüsselwörter
Größenwahn, Geltungsbedürfnis, Eitelkeit; ich bin der Größte; Angeber, esoterischer Neuling, Dauerredner.

Botanischer Hintergrund
Die robuste *Calluna vulgaris,* die echte Heide (auch Besenheide genannt, Achtung, nicht mit der Erika verwechseln!), gedeiht am besten dort, wo der Boden sehr karg ist. Dort bedeckt das ca. 25 cm hohe Heidekraut oft große Flächen. Zwischen Juli und September trägt es weiße oder zartlila Blüten.

Dr. Bach über Heather
»Für Menschen, die ständig die Gesellschaft anderer suchen, wer auch immer das gerade sein mag, denn sie haben das Bedürfnis, ihre Privatangelegenheiten mit anderen zu bereden, und zwar egal mit wem. Wenn sie eine gewisse Zeit lang allein sein müssen, sind sie tief unglücklich.«

Für wen ist Heather geeignet?
- Für alle, die sich pausenlos mit Zuhörern umgeben müssen, für Dauerredner und Klatschtanten beiderlei Geschlechts; für Egozentriker, Selbstdarsteller und Menschen, die ununterbrochen über sich selbst und ihre Krankheiten reden und selbstverständlich davon ausgehen, daß sich jedermann dafür interessiert; die es nicht ertragen können, mit sich allein zu sein, anderen gegenüber zu Distanzlosigkeit neigen, aus jeder Mücke einen Elefanten machen, ihrer Umwelt durch ihre Ich-

bezogenheit gründlich auf den Geist gehen – kurz: Nervensägen erster Güte, um die die meisten gern einen großen Bogen machen.

☆ Für (Einzel-)Kinder, die immer im Mittelpunkt stehen wollen.

☾ Für Menschen, die ahnen, daß hinter ihrem Komplex zur Selbstdarstellung ein tiefverwurzelter Minderwertigkeitskomplex steckt.

– Für Menschen, deren »Heather-Charakter« nicht nur zu Vereinsamung führt, sondern auch zu den häufig damit verbundenen Erkrankungen von Herz und Lunge.

Was kann Heather bewirken?
Heather verhilft dazu, die konzentrierte Aufmerksamkeit, die man sich selbst, seinem Aussehen, seiner Gesundheit und seiner seelischen Verfassung widmet, auf andere auszudehnen und mehr Verständnis und Interesse für seine Mitmenschen zu entwickeln. Die Folge: Endlich bekommt man die Freunde, die sich ganz unaufgefordert für einen interessieren – etwas, wonach man sich bisher vergeblich gesehnt hat.

Eventuell zusätzlich zu Heather
– Mimulus, wenn man Angst vor Ablehnung hat.
– Willow, gegen Selbstmitleid.
– Larch, gegen die Minderwertigkeitskomplexe.

Astrologisches Zeichen:
Widder

HOLLY

Die Blüte für Rumpelstilzchen und Fieslinge

Aus der Bachblütengruppe:
Überempfindlichkeit für Einflüsse und Ideen anderer

Schlüsselwörter

Eifersucht, Neid, Haß, Mißtrauen, Aggressivität, gemein, hinterlistig.

Botanischer Hintergrund

Unter den mehr als 300 Stechpalmenarten hat Dr. Bach Holly *(Ilex aquifolium)* ausgewählt, eine Sorte, die das ganze Jahr über dunkelgrüne Blätter, im Frühjahr duftende weiße Blüten und im Winter orangeroten Beeren hat. Ilex aquifolium gedeiht am besten in einem milden Klima. In Großbritannien und auch in einigen Mittelmeerländern wird die Pflanze gern als Weihnachtsbaum verwendet.

Dr. Bach über Holly

»Für diejenigen, die manchmal von Eifersucht, Neid, Rache und Mißtrauen gepeinigt werden. Auch für die verschiedenen Formen von Mißgestimmtheit. In ihrem tiefsten Inneren leiden diese Menschen vielleicht selbst sehr stark, obgleich sie oft gar keinen richtigen Grund zum Unglücklichsein haben.«

Für wen ist Holly geeignet?

- Für alle, die wegen ihrer Aggressivität allgemein unbeliebt sind; die sich womöglich selbst nicht mehr leiden können, aber trotzdem nicht aus ihrer Haut können; die (wieder einmal) ausrasten, wenn der Neid an ihnen frißt; die von Eifersucht, Mißgunst, Haß oder Jähzorn erfüllt sind; die das Gefühl haben, immer zu kurz zu kommen, und die Angewohnheit, hinter allem und jedem etwas Schlechtes zu sehen; die vor Aggressionen platzen und mit ihren unkontrollierten Gefühlsausbrüchen die Umwelt in Angst und Schrecken versetzen.

☆ Für kleine Rumpelstilzchen und Kinder während der Trotzphase (und auch für deren geplagte Eltern). Für Kinder, die ein neues Geschwisterchen bekommen.

☾ Für Menschen, die vor Neid, Eifersucht und Haß buchstäblich krank werden. Typisch für solche Choleriker sind Allergien, hohes Fieber und plötzlich auftretende schwere Infektionskrankheiten. Fast unnötig zu erwähnen: Wenn sie krank sind, sind sie noch reizbarer und unerträglicher als sonst!

Was kann Holly bewirken?

Holly macht es möglich, daß die schlimmen Aggressionen, mit denen solche Menschen ihre Umwelt in Angst und Schrecken versetzen, allmählich unter Kontrolle gebracht werden können und möglicherweise sogar völlig verschwinden. Die Tyrannen und Choleriker werden sanfter und geduldiger; sie lernen, in anderen auch mal etwas Positives zu sehen, und kommen mit sich selbst ins reine.

Eventuell zusätzlich zu Holly

- Cherry Plum, wenn die Aggressionen außer Kontrolle geraten.
- Impatiens, für mehr Geduld.
- Gentian, für mehr Zuversicht und Optimismus.
- Vine, wenn die leiseste Kritik zu einem Wutanfall führt.

Astrologisches Zeichen:

Skorpion

HONEYSUCKLE
Die Nostalgieblüte

Aus der Bachblütengruppe:
geringe Lebenslust

Schlüsselwörter
Nostalgie, Heimweh, Reue, Schwelgen in Erinnerungen; früher war alles besser; kein Bezug zur Gegenwart.

Botanischer Hintergrund
Honeysuckle *(Lonicera caprifolium)*, zu deutsch Geißblatt oder Jelängerjelieber, gehört zu den Kletterpflanzen, die wild in der Natur, aber mittlerweile auch in Gärten und an Häusermauern ranken. Zwischen Juni und August trägt das Geißblatt zartgelbe, duftende Blüten.

Dr. Bach über Honeysuckle
»Für Menschen, die stark in der Vergangenheit leben, die vielleicht eine Zeit großen Glücks für sie war. Erinnerungen an einen lieben Verstorbenen oder an Träume, die sich später nicht erfüllt haben. Sie können sich nicht vorstellen, daß sie jemals im Leben wieder so glücklich sein könnten wie früher.«

Für wen ist Honeysuckle geeignet?
- Für alle, die die glücklichen Ereignisse in der Vergangenheit so verklären, daß sie sich nicht davon lösen können, obgleich diese Zeit unwiderbringlich vorbei ist. Sie blättern in Fotoalben, schwelgen in Gedanken, Erinnerungen und vergangenen Gefühlen und können für die Gegenwart kein Interesse mehr aufbringen, Heimweh nach dem Elternhaus, der verlorenen Heimat und der heilen Welt der Kindheit sind typisch für solche Gefühle.

- Für alle, die sich von einem vergangenen Leid nicht lösen können: eine zerbrochene Liebe, ein vergangenes Glück, eine Scheidung, ein früh verstorbenes Kind, eine alte Schuld, eine verpaßte Chance sind der Grund für eine innere Lähmung, die sie daran hindert, nach vorn zu schauen. Für ältere Menschen, die grundsätzlich der Ansicht sind, daß früher alles viel besser war, und damit den anderen gründlich auf die Nerven gehen.

☆ Für kleine Kinder, die sich im Kindergarten oder in der Schule nicht einleben können; die in Tränen ausbrechen, wenn die Eltern sie für ein paar Stunden dem Babysitter überlassen; für kleinere und größere Kinder, die in den Ferien unter großem Heimweh leiden, obgleich es ihnen dort sehr gut geht; und grundsätzlich für alle, die Schwierigkeiten mit dem Ablösungsprozeß haben.

☾ Für Menschen, die bei dem Versuch, der Realität aus dem Wege zu gehen, Todessehnsucht haben, im Schlaf oder durch Alkohol und Drogen Vergessen suchen; die unter Appetitlosigkeit leiden, blaß und geistesabwesend sind.

Was kann Honeysuckle bewirken?
Die Blütenessenz kann dazu verhelfen, die glücklichen wie die traurigen Gedanken an vergangene Zeiten zu überwinden und sich mit neuem Lebensmut auf die Gegenwart einzulassen.

Eventuell zusätzlich zu Honeysuckle
- Chicory, bei Liebeskummer.
- Heather, wenn man Probleme mit dem Älterwerden hat.
- Star of Bethlehem, um über einen schweren Verlust hinwegzukommen.
- Pine, um lähmende Schuldgefühle zu überwinden.

Astrologisches Zeichen:
Krebs

HORNBEAM

Die Montagmorgenblüte

Aus der Bachblütengruppe:
Unsicherheit

Schlüsselwörter
Müdigkeit, Erschöpfung, abgeschlafft, lustlos, kein Schwung, ausgebrannt; ich bin fertig; durchhängen, null Bock, Morgenmuffel, Katerstimmung.

Botanischer Hintergrund
Hornbeam, die Hainbuche (oder Weißbuche, *Carpinus betulus*), gehört zur Kategorie der Laubbäume, die bis zu 20 m hoch werden. Zwischen April und Mai bilden sich die 3–5 cm langen männlichen Kätzchen und die weiblichen Blütenstände mit hellgrünen Hochblättern.

Dr. Bach über Hornbeam
»Für diejenigen, die glauben, daß sie körperlich und geistig nicht stark genug sind für die Bürde, die ihnen das Leben aufgeladen hat. Die Alltagspflichten glauben sie unmöglich bewältigen zu können, obgleich sie es fast immer schaffen, ihre Aufgabe zu erfüllen. Für diejenigen, die glauben, daß ein Teil ihres Körpers oder ihrer Seele Stärkung braucht, bevor sie mit ihrer Arbeit fortfahren können.«

Für wen ist Hornbeam geeignet?
- Für alle, die den alltäglichen Trott satt haben; die jeden Morgen sehnsüchtig an Weiterschlafen denken oder zunehmend an Aussteigen und die mehr Zeit vor dem Fernseher verbringen, als ihnen lieb ist; denen alles zuviel wird, obgleich – oder gerade weil – eigentlich alles so ist wie immer.

☆ Für Kinder, die man morgens nie aus dem Bett kriegt – und nachmittags nie an die Hausaufgaben.

☾ Für Menschen, die unter Schwächezuständen leiden, unter Kreislaufstörungen und unter Blutarmut; die blaß, elend, antriebslos sind, ein schwaches Bindegewebe haben und deren Vitalität insgesamt stark geschwächt ist. Für Menschen, die nur mit Unmengen von Kaffee und Tee über den Tag kommen, und für Patienten, die sich von einer längeren Krankheit erholen.

Was kann Hornbeam bewirken?

Hornbeam gibt neuen Schwung und frisches Selbstvertrauen und bewirkt eine völlig veränderte Sichtweise: Was bisher unerträgliche Routine war, wird zu einer Herausforderung, der man mit Optimismus und viel Energie begegnet. Leben, Arbeit und Alltag machen endlich wieder Spaß.

Eventuell zusätzlich zu Hornbeam

- Mustard, wenn man den Mitmenschen mit seiner chronisch schlechten Laune auf die Nerven geht.
- Mimulus, wenn man befürchtet, daß man in beruflicher Hinsicht eine Niederlage erleben wird.

Astrologisches Zeichen:

Zwillinge

IMPATIENS

Die »Hektiker-vom-Dienst«-Blüte

Aus der Bachblütengruppe:
Einsamkeit

Schlüsselwörter
Ungeduld, Reizbarkeit, aus der Haut fahren, übers Ziel hinaus schießen, Zappelphilipp, hyperaktiv, Hansdampf in allen Gassen.

Botanischer Hintergrund
Der deutsche Name der Pflanze *Impatiens glandulifera* ist nicht minder kompliziert als der botanische: Drüsentragendes Springkraut heißt das Gewächs aus der Familie der Fleißigen Lieschen, das eigentlich aus Indien stammt, sich vor allem in den letzten Jahren explosionsartig an unseren Straßenrändern und in unseren Gärten ausbreitet und spielend zwei Meter hoch wird. Zwischen Juli und September trägt die Pflanze zahllose kleine rosa Blüten.

Dr. Bach über Impatiens
»Für Menschen, die schnell denken und schnell handeln und die alles auf der Stelle und ohne zu zögern erledigen möchten. Wenn sie krank sind, haben sie nur im Sinn, möglichst schnell wieder gesund zu werden. Es fällt ihnen schwer, Geduld für Menschen aufzubringen, die ihrer Meinung nach langsam sind, denn das halten sie für falsch und für Zeitverschwendung, und sie bemühen sich, solche Menschen in jeder Beziehung anzutreiben. Oft machen und planen sie am liebsten alles ganz allein, damit sie alles in ihrem eigenen Tempo erledigen können.«

Für wen ist Impatiens geeignet?

☼ Für alle, die sich als Antreiber unbeliebt machen; die sich ärgern, daß sie wegen der Unfähigkeit der anderen gezwungen sind, alles selber zu machen; die nervös, ungeduldig, intolerant, undiplomatisch und hektisch sind, Entscheidungen Hals über Kopf treffen und insgesamt impulsiver sind, als ihnen selbst lieb ist.

☆ Für hyperaktive Kinder und allgemein für kleine Zappelphilipps, die vor lauter Eile immer die Hälfte vergessen und mehr Flüchtigkeitsfehler machen, als Eltern und Lehrer akzeptieren können.

☾ Für Menschen, die als Folge ihres hektischen Lebensstils zu Erschöpfung, Schlafstörungen, Juckreiz, Magenbeschwerden, Konzentrationsstörungen und Bluthochdruck neigen.

Was kann Impatiens bewirken?

Impatiens lenkt übertriebene Betriebsamkeit, Hektik und Unruhe in geordnete Bahnen, was in aller Regel zu präziseren Arbeitsergebnissen führt, und erreicht zudem, daß ein Obermacher allmählich Verständnis für andere entwickelt, die mit seinem atemberaubenden Tempo nicht Schritt halten können.

Eventuell zusätzlich zu Impatiens

- Water Violet, wenn die Intoleranz mit Arroganz verbunden ist.
- Vine, wenn eine Entwicklung zum Tyrannen zu befürchten ist.
- Chestnut Bud, wenn das Tempo die Qualität der Arbeit beeinträchtigt.

Astrologisches Zeichen:

Widder

LARCH

Die Versagerblüte

Aus der Bachblütengruppe:
Unausgeglichenheit und Verzweiflung

Schlüsselwörter

Minderwertigkeitskomplexe, Versagensängste, Mangel an Selbstvertrauen, auf Mißerfolg programmiert, Mutlosigkeit, falsche Bescheidenheit.

Botanischer Hintergrund

Larch, die Lärche, botanischer Name *Larix decidua*, ist ein sommergrüner Nadelbaum, der gern dort wächst, wo er viel Licht bekommt. Trägt zwischen März und April karminrote Blüten, die später dunkelbraun werden und dann als Zapfen oft jahrelang am Baum hängen bleiben.

Dr. Bach über Larch

»Für diejenigen, die sich für weniger fähig und gut halten als die anderen Menschen in ihrer Umgebung, die immer mit Fehlschlägen rechnen, die das Gefühl haben, daß sie es im Leben nie zu etwas bringen werden, und es deshalb auch gar nicht erst richtig versuchen.«

Für wen ist Larch geeignet?

- Für alle, die sich für chronische Versager halten; die davon überzeugt sind, daß alle anderen ihnen haushoch überlegen sind und daß sie die in sie gesetzten Erwartungen ohnehin nicht erfüllen werden – also versuchen sie es meist gar nicht erst. Nicht nur, daß sie sich rein gar nichts zutrauen – sie baden förmlich in Minderwertigkeitskomplexen und verkriechen sich vor Schüchternheit im erstbesten Mauseloch.

- Für Menschen, die eigentlich nicht unter Minderwertigkeitskomplexen leiden, deren Selbstbewußtsein jedoch z. B. durch Scheidung oder einen schweren beruflichen Mißerfolg so angeschlagen ist, daß es dringend gestärkt werden muß.

☆ Für Kinder, die sich in der Schule auch dann nicht melden, wenn sie etwas wissen – aus Angst, sich zu blamieren.

☾ Für Menschen, die aufgrund ihres fehlenden Selbstbewußtseins zu schlechter Haltung neigen und infolgedessen zu Problemen mit der Wirbelsäule, zu Rückenschmerzen und Knochenkrankheiten.

Was kann Larch bewirken?

Larch stärkt das Selbstvertrauen (bzw. baut nichtvorhandenes auf); es macht Mut, Aufgaben anzunehmen, vor denen man früher zurückgescheut wäre, und verleiht Kraft.

Eventuell zusätzlich zu Larch

- Willow, wenn man sich mit Selbstvorwürfen zerfleischt.
- Holly, wenn der Neid auf erfolgreiche, selbstbewußte Gegner einen auffrißt.
- Mimulus, wenn man vor dem nächsten Fehlschlag zittert.

Astrologisches Zeichen:

Jungfrau

MIMULUS
Die Angsthasenblüte

Aus der Bachblütengruppe:
Angst

Schlüsselwörter
Angst vor bekannten Dingen, ängstliche Nervosität, Schüchternheit, Scheu, Furchtsamkeit, Phobien, Überempfindlichkeiten.

Botanischer Hintergrund
Mimulus guttatus, die befleckte Gauklerblume, gedeiht am besten dort, wo es feucht ist. Zwischen Juni und September trägt sie 20–40 cm hohe, wunderhübsche, meist gelbe Blüten mit roten Flecken.

Dr. Bach über Mimulus
»Bei der Angst vor weltlichen Dingen: Krankheit, Schmerz, Unfall, Armut, Dunkelheit, Alleinsein, Unglück. Die Angst vor alltäglichen Dingen. Diese Menschen tragen ihre Angst heimlich und leise mit sich herum, sie trauen sich nicht, frei darüber zu sprechen.«

Für wen ist Mimulus geeignet?
- Für alle, die Angst haben, öffentlich aufzutreten, frei zu sprechen – vor Auseinandersetzungen mit dem Chef, dem Hausbesitzer, dem Lehrer der Kinder, vor Autoritäten wie vor Menschen allgemein –, und die versuchen, sich ihre Ängste nicht anmerken zu lassen.
- Bei Furcht vor Alter, Krankheit, Arbeitslosigkeit, vor der Entbindung, den Wechseljahren, vor sexuellen Kontakten, Aids etc.

☆ Für Kinder, die man als typische Angsthäschen bezeichnet, weil sie sich vor allem fürchten: vor der Dunkelheit, dem Monster unterm Bett, vor Gewitter, vor Wasser, vor anderen Kindern, vor der Trennung von der Mutter – und bei denen die angeborene Ängstlichkeit zu Menschenscheu, Schüchternheit und Hemmungen führt. Bei Stottern, Erröten und nervösen Tics.

☾ Für Menschen mit Phobien (vor Mäusen, Ratten, Spinnen, Hunden etc.) und »schwachen Nerven«. Für solche, die nach einer Krankheit übervorsichtig sind, damit sie bloß keinen Rückfall bekommen, und solche, die grundsätzlich ziemlich anfällig sind. Für Männer und Frauen, die wegen ihrer Überempfindlichkeit zu Erröten neigen, zu Stottern, nervösem Kichern, trockenem Mund, Schweißausbrüchen und Herzrasen und die in vielen Fällen unter Allergien und/oder neurotischen Störungen leiden.

Was kann Mimulus bewirken?

Mimulus verhilft dazu, vorhandene Ängste zu überwinden, mehr Mut, Selbstbewußtsein und Tapferkeit zu entwickeln, in Situationen, vor denen man sich sein Leben lang gefürchtet hat, Gelassenheit und Humor an den Tag zu legen und in Krisenzeiten über sich hinauszuwachsen.

Eventuell zusätzlich zu Mimulus

- Agrimony, wenn man versucht, die Angst hinter einer fröhlichen Maske zu verbergen.
- Larch, wenn einen die Angst zu versagen quält.
- Aspen, wenn zu den Ängsten vor bekannten Dingen noch unerklärliche, unheimliche Ängste hinzukommen.

Astrologisches Zeichen:

Krebs

MUSTARD

Die Weltschmerzblüte

Aus der Bachblütengruppe:
ungenügendes Interesse an der Gegenwart

Schlüsselwörter
Niedergeschlagenheit, Depression, Schwermut, Weltschmerz, Verzweiflung ohne erkennbaren Grund.

Botanischer Hintergrund
Mustard, der wilde Senf, auch Ackersenf genannt *(Sinapis arvensis)*, wächst weitverbreitet als Wildkraut am Rande von Feldern und Wegen. Trägt zwischen Mai und Juli leuchtendgelbe Blüten.

Dr. Bach über Mustard
»Für Menschen, die zeitweise Phasen der Schwermut oder sogar der Verzweiflung haben, als schwebe eine kalte, dunkle Wolke über ihnen und raube ihnen Licht und Lebensfreude. Es ist nicht immer möglich, für solche Attacken eine Erklärung oder einen Grund zu nennen. Unter diesen Umständen ist es nahezu unmöglich, heiter und fröhlich zu wirken.«

Für wen ist Mustard geeignet?
- ✹ Für alle, die aus heiterem Himmel von schwermütigen Gedanken mit Weltuntergangsstimmung oder auch nur von Phasen grenzenlos schlechter Laune befallen werden, die mit keinem noch so vernünftigen Argument, keinem noch so gut gemeinten Versuch zur Aufheiterung beseitigt werden können. Diese Mißstimmungen verschwinden so plötzlich, wie sie gekommen sind; nur weiß keiner, wann.
- ☆ Für überaus ernste Kinder mit plötzlichen Anfällen von tiefer

Melancholie, die unter Schlafstörungen und Appetitlosigkeit leiden und durch nichts aufzuheitern sind (zum Glück sind solche Mustard-Kinder sehr selten).

☾ Für Menschen mit unerklärlicher Müdigkeit oder Antriebsschwäche, die zu schwachem Kreislauf, Infektionen und depressiven Verstimmungen neigen. Für Frauen, die in den Tagen vor der Menstruation und in den Wechseljahren unter Depressionen leiden.

Was kann Mustard bewirken?
Mustard kann in leichteren Fällen die depressive Stimmung aufhellen und die grundlose Freudlosigkeit durch heitere Gelassenheit ersetzen. Zumindest hilft Mustard den Betroffenen, besser mit ihrem Zustand umzugehen. In schwereren Fällen von grundloser Depression sollte man sich an den Arzt wenden.

Eventuell zusätzlich zu Mustard
- Gentian, wenn die depressive Verstimmung mit einer echten Depression zusammenfällt.
- Scleranthus, wenn die Stimmungsschwankungen sehr plötzlich und sehr häufig auftreten.
- Willow, wenn man sich wegen seiner »Zustände« mit Selbstvorwürfen quält.

Astrologisches Zeichen:
Skorpion

OAK
Die Durchhalteblüte

Aus der Bachblütengruppe:
Mutlosigkeit und Verzweiflung

Schlüsselwörter
Die Zähne zusammenbeißen, nur nicht aufgeben, übertriebenes Pflichtgefühl, Überlastung, Perfektionismus, Erschöpfung, klaglos leiden, nur keine Schwäche zeigen, Kampfgeist bis zur Selbstaufgabe, nur nicht unterkriegen lassen; wer A sagt, muß auch B sagen.

Botanischer Hintergrund
Oak, die robuste Sommereiche *(Quercus robur)*, die klassische »deutsche Eiche«, kann bis zu tausend Jahre alt werden. Sie liebt feuchten, frischen Boden und blüht zwischen April und Mai. Die männlichen und weiblichen Blüten wachsen an einem Baum.

Dr. Bach über Oak
»Für Menschen, die sich sehr mühen und hart kämpfen, um wieder gesund zu werden, oder diejenigen, die sich in ihrem Alltagsleben sehr anstrengen. Sie versuchen immer wieder etwas anderes, obgleich ihre Situation hoffnungslos aussieht. Sie kämpfen trotzdem weiter. Sie sind mit sich selbst unzufrieden, wenn eine Krankheit sie davon abhält, ihre Pflicht zu erfüllen oder anderen zu helfen. Es sind tapfere Leute, die gegen größte Schwierigkeiten ankämpfen und nie die Hoffnung verlieren und niemals aufgeben.«

Für wen ist Oak geeignet?
– Für alle, die wegen ihres angeborenen oder anerzogenen »preußischen Pflichtgefühls« zwar überall Vertrauen und An-

erkennung genießen, aber doch sehr häufig an die Grenzen ihrer Kraft geraten, auch wenn sie sich das um keinen Preis eingestehen würden. Durchhalten um jeden Preis, so lautet ihre Devise. Lieber ruinieren sie ihre eigene Gesundheit – oder ihre Ehe. Dabei spielt es für sie keine Rolle, ob die Aufgabe, die zu erfüllen sie für ihre Pflicht halten, sinnvoll ist oder nicht.

☆ Oak-Kinder kommen glücklicherweise selten vor. Aber wenn Kinder von ihrem eigenen Ehrgeiz aufgefressen werden oder unter ihrer freiwillig übernommenen Verantwortung zusammenbrechen, sollte man ihnen Oak verabreichen.

☾ Für Menschen, bei denen Dauerstreß und Raubbau an der Gesundheit zu körperlicher und geistiger Erschöpfung führen und in der Folge zu Bluthochdruck, Galle-Leber-Beschwerden, Schilddrüsenerkrankungen, Rheuma, Gelenk- und Gefäßerkrankungen.

Was kann Oak bewirken?

Oak lehrt die Überpflichtbewußten, ihre Grenzen zu erkennen und sich, anstatt wie gewohnt unter der Last ihrer selbstauferlegten Pflicht zusammenzubrechen, lieber einmal helfen zu lassen. Das bewahrt sie vor den physischen und psychischen Zusammenbrüchen, die häufig die Folge des Dauerstreß sind, und macht sie zugleich ein wenig menschlicher.

Eventuell zusätzlich zu Oak

- Pine, wenn man unter seinem eigenen Perfektionismus leidet.
- Rock Water oder Vine, wenn man glaubt, anderen ständig ein Vorbild sein zu müssen.
- Vervain, bei übertriebenem Idealismus.

Astrologisches Zeichen:

Steinbock

OLIVE
Die Erschöpfungsblüte

Aus der Bachblütengruppe:
Ungenügendes Interesse an der Gegenwart

Schlüsselwörter
Totale Erschöpfung, chronische Müdigkeit, Energielosigkeit, ausgelaugt, ausgebrannt, k. o., fix und fertig.

Botanischer Hintergrund
Olive *(Olea europaea)*, der Olivenbaum mit den immergrünen silbrigen Blättern und – zwischen Mai und Juni – den zahllosen, unscheinbaren, kleinen weißen Blüten, fühlt sich im Mittelmeerraum am wohlsten. Dr. Bach bezog die Blüten für diese Essenz, ebenso wie die für Vine, aus Italien.

Dr. Bach über Olive
»Für Menschen, die seelisch oder körperlich viel mitgemacht haben und so erschöpft und müde sind, daß sie glauben, sie haben nicht mehr die Kraft, sich weiterhin anzustrengen. Das tägliche Leben bedeutet für sie harte Arbeit ohne Freude.«

Für wen ist Olive geeignet?
☼ Für alle, die sich über einen größeren Zeitraum hinweg völlig überfordert haben. Sie haben ein Haus gebaut, Drillinge großgezogen, zuviel in ihre Karriere investiert, ein Familienmitglied während einer langen Krankheit gepflegt, eine schmutzige Scheidung durchgestanden etc. Nun sind sie am Ende ihrer Kraft, ohne daß für ihre Erschöpfung eine organische Ursache vorliegt.
☆ Für Kinder, die sehr lange krank gewesen sind.
☾ Für Menschen, bei denen die Erschöpfung körperliche

Schwächezustände zur Folge hat: Schlafstörungen, ständige Müdigkeit, Herzbeschwerden, auffällige Blässe sind Warnzeichen, die ernst genommen werden sollten.

Eventuell zusätzlich zu Olive

- Gentian, wenn zu der Erschöpfung völlige Mutlosigkeit hinzukommt.
- Honeysuckle, wenn man sich in die Vergangenheit flüchtet, weil einem die Gegenwart über den Kopf wächst.
- Larch, wenn man sich selbst rein gar nichts mehr zutraut.

Astrologisches Zeichen:
Löwe

PINE
Die Duckmäuserblüte

Aus der Bachblütengruppe:
Mutlosigkeit und Verzweiflung

Schlüsselwörter
Schuldgefühle, Selbstvorwürfe, Schuldkomplexe, Selbstkritik, die Verantwortung für alles und jedes übernehmen, übertriebene Bescheidenheit, sich für alles entschuldigen, chronisch schlechtes Gewissen, übergroße Gewissenhaftigkeit, Gefühl von Minderwertigkeit, übertriebene Opferbereitschaft, »Entschuldigung, daß ich geboren bin«.

Botanischer Hintergrund
Pine *(Pinus silvestris)*, die gemeine Kiefer oder Föhre, ist ein immergrüner Nadelbaum, der sich überall in Europa und auf fast jedem Boden zu Hause fühlt. Trägt im Mai rötliche Blüten mit vielen gelben Pollen, einzeln oder in Büscheln.

Dr. Bach über Pine
»Für Menschen, die die Schuld immer bei sich selbst suchen. Selbst wenn sie Erfolg haben, denken sie, sie hätten es noch besser machen können, sie sind mit ihrer Leistung und dem Erfolg nie zufrieden. Sie arbeiten hart und leiden viel unter den Fehlern, die sie sich selbst zuschreiben. Selbst wenn manchmal ein Fehler eindeutig von jemand anders begangen wurde, übernehmen sie bereitwillig die Verantwortung dafür.«

Für wen ist Pine geeignet?
- Für alle, die ewig zurückstecken, nie mit sich zufrieden sind und ständig glauben, sich für irgend etwas entschuldigen zu müssen. Die unterwürfig sind, devot vor jeder Autorität ku-

schen und glauben, daß sie an allem schuld sind – Menschen ohne einen Funken Selbstwertgefühl, die typischen »Underdogs«.

☆ Für Kinder, die glauben, daß sie sich die Liebe von Eltern und Lehrern verdienen müssen, und die der geringste Tadel völlig fertigmacht.

☾ Für Menschen, die wie ein geprügelter Hund durchs Leben schleichen, einem nicht in die Augen schauen können, die Schultern einziehen, große Probleme mit der Sexualität haben, unter Zwängen leiden (Waschzwang!) und oft eine masochistische Komponente haben.

Was kann Pine bewirken?

Pine schafft es, diese Menschen so aufzubauen, daß sie allmählich lernen, ihre guten Seiten zu sehen und sich auch mit ihren Fehlern zu akzeptieren. Anstelle von zwanghaftem Perfektionismus und ewigen Schuldgefühlen stehen nun Lebensbejahung und Zuversicht.

Eventuell zusätzlich zu Pine

- Rock Water, gegen den zwanghaften Perfektionismus.
- Mimulus, gegen die ständige Angst, etwas falsch zu machen.
- Larch, für mehr Selbstbewußtsein.

Astrologisches Zeichen:

Skorpion

RED CHESTNUT
Die Gluckenblüte

Aus der Bachblütengruppe:
Angst

Schlüsselwörter
Übertriebene Besorgtheit, schlimme Befürchtungen, zwanghafte Ängste um geliebte Menschen; gluckenhafte Mütter, übertriebene Fürsorge, Aufopferung.

Botanischer Hintergrund
Red Chestnut, die Rote Kastanie *(Aesculus carnea)*, ist die kleinere und zartere Schwester der robusten mächtigen Roßkastanie. Sie trägt auf langen, aufrechten Rispen hellrote Blütenkerzen. Blütezeit ist Mai/Juni.

Dr. Bach über Red Chestnut
»Für Menschen, denen es schwerfällt, sich nicht um andere zu sorgen. Häufig haben sie aufgehört, sich um sich selbst zu sorgen, aber für die, die sie gern haben, sorgen sie möglicherweise zuviel, häufig rechnen sie damit, daß denen etwas Schlimmes passiert.«

Für wen ist Red Chestnut geeignet?
- Für alle, die zu Selbstaufopferung und Schwarzseherei neigen; die hinter jedem Schnupfen des Partners eine Lungenentzündung befürchten; die bei jedem harmlosen Streit zwischen Kindern in der Gegenpartei einen Buhmann sehen, der ihr unschuldiges kleines Kind verprügelt; die nicht schlafen können, wenn die Teenager noch nicht zu Hause sind; die ständig angerufen werden wollen, zum Beweis, daß es dem Anrufer gutgeht; und die ihren Familienangehörigen damit gründlich auf die Nerven gehen.

☆ Für kleine Kinder, die es nicht aushalten, auch nur für kurze Zeit von der Mutter getrennt zu sein.

☾ Für Menschen mit gequältem Gesichtsausdruck, Schlafstörungen, Niedergeschlagenheit, Neigung zu Kreislaufstörungen, Herzbeschwerden und Nervosität.

Was kann Red Chestnut bewirken?

Red Chestnut verleiht die Fähigkeit, geliebte Menschen loszulassen, übertriebene Ängste abzubauen, statt dessen allmählich einen gesunden Egoismus zu entwickeln und zu begreifen, daß die anderen sehr gut auf sich selbst aufpassen können.

Eventuell zusätzlich zu Red Chestnut

- Chicory, bei dem Hang zu totaler Selbstaufopferung.
- Mimulus, gegen die ständige Angst, daß den anderen etwas passieren könnte.
- Cherry Plum, wenn man beim kleinsten Anlaß vor Sorge fast verrückt wird.

Astrologisches Zeichen:

Krebs

ROCK ROSE
Die Panikblüte

Aus der Bachblütengruppe:
Angst

Schlüsselwörter
Panik, Schock; Herz rutscht in die Hose; akute Lebenskrisen, Unfall, Nervenzusammenbruch, Notfall, schwerer Alptraum.

Botanischer Hintergrund
Das Gelbe Sonnenröschen *(Helianthemum nummularium)* ist ein kleiner, ziemlich anspruchsloser immergrüner Strauch. In mildem Klima trägt er von Juli bis September strahlend gelbe Blüten.

Dr. Bach über Rock Rose
»Notfallmedizin. Für Fälle, in denen es aussieht, als gäbe es keine Hoffnung mehr. Bei Unfall oder bei plötzlicher Krankheit oder wenn der Patient sehr viel Angst hat oder in Panik verfällt, vor allem, wenn der Zustand ernst genug ist, um allen um ihn herum große Angst einzuflößen. Wenn der Patient bewußtlos ist, können die Lippen mit dem Heilmittel benetzt werden. Andere Essenzen sind eventuell zusätzlich notwendig: zum Beispiel in einem Zustand der tiefen schlafähnlichen Bewußtlosigkeit Clematis oder bei qualvollem Schmerz Agrimony usw.«

Für wen ist Rock Rose geeignet?
- ✿ Für alle, die in Panik verfallen sind (ob gerechtfertigt oder nicht) und die Angst haben, ihr Leben oder ihren Verstand zu verlieren.
- ☆ Für Kinder, die wie versteinert in einer Ecke kauern und Augen und Ohren zuhalten, oder solche, die sich hysterisch

an die Eltern klammern und offensichtlich in einem Schockzustand sind, auch wenn man dessen Ursache noch nicht kennt. Bei Alpträumen.

☾ Als Erste Hilfe bei Schock, Bewußtlosigkeit, Panikattacken, schweren Alpträumen, Nachtschweiß oder kaltem Schweiß, leichenblasser Haut, Herzrasen oder Schüttelfrost; allgemein für Menschen, die leicht hysterisch werden und zu Panik neigen.

Was kann Rock Rose bewirken?

Rock Rose hilft bei akuten Notfällen und in Ausnahmesituationen, Ruhe und Zuversicht zu bewahren. Aber auch langfristig kann die Blütenessenz hilfreich sein. Sie verleiht Menschen, die zur Hysterie neigen, die Fähigkeit, in Krisensituationen über sich hinauszuwachsen.

Eventuell zusätzlich zu Rock Rose

- Clematis, wenn jemand vor Schreck in Ohnmacht gefallen ist.
- Red Chestnut, wenn man aus übertriebener Sorge um geliebte Menschen völlig die Kontrolle verliert.
- Agrimony, bei unerträglichen Schmerzen.

Astrologisches Zeichen:

Widder

ROCK WATER
Die Asketenblüte

Aus der Bachblütengruppe:
übertriebene Sorge um das Wohl anderer

Schlüsselwörter
Übertriebene Selbstdisziplin, Selbstverleugnung, Prinzipienreiterei, preußisches Pflichtbewußtsein, Engstirnigkeit, Fanatismus, Askese, Entsagung, Verzicht.

Herkunft
Rock Water *(Aqua petra)* wird als einzige der Bachblüten nicht aus einer Pflanze gewonnen. Bei dieser Essenz handelt es sich um präpariertes Wasser aus einer heilkräftigen Felsenquelle.

Dr. Bach über Rock Water
»Für Menschen, die sehr strikt in ihrer Lebensführung sind. Sie versagen sich viele der Freuden und Vergnügen des Lebens, weil sie Angst haben, daß sich diese nicht mit ihrer Pflichterfüllung vertragen. Sie sind sich selbst strenge Meister. Sie möchten gesund, stark und aktiv sein und tun alles, von dem sie glauben, daß ihnen das dazu verhilft. Sie hoffen, daß ihr Vorbild andere anregt, ihren Ideen nachzufolgen und dadurch bessere Menschen zu werden.«

Für wen ist Rock Rose geeignet?
- ☼ Für Menschen, deren gnadenlose Selbstverleugnung bis hin zur Selbstkasteiung um eines selbstgesteckten Zieles willen – ein perfekter Körper, ein erleuchteter Geist oder ein Posten im Vorstand des Unternehmens – dazu führt, daß ihnen (und den Menschen um sie herum) alle Lebensfreude abhanden kommt.
- ☆ Für Kinder, die aus übertriebenem Ehrgeiz – in der Schule,

beim Sport – immer die Besten sein wollen und darüber alle Freunde verlieren.

☾ Für Menschen, deren seelische Verkrampfung Hand in Hand geht mit körperlichen Erstarrungs- oder Verspannungszuständen. Häufige Folgen sind Rheuma, Arthritis, Verkalkung, Leberschäden und Gallenbeschwerden sowie Entzündungen aller Art.

Was kann Rock Water bewirken?

Rock Water trägt dazu bei, die abhanden gekommene Lebensfreude (wieder) zu erwecken, sich selbst etwas zu gönnen und im Umgang mit anderen lockerer, unverkrampfter und dadurch liebenswerter zu werden. Rock Water gilt als echtes Lebenselixier.

Eventuell zusätzlich zu Rock Water

- Agrimony, wenn sich hinter der Selbstdisziplin die Angst verbirgt, das Gesicht zu verlieren.
- Cerato, wenn es um spirituelle Hörigkeit geht, z. B. bei Abhängigkeit von einem Guru oder einer Sekte.
- Wild Oat, wenn Selbstdisziplin und Verzicht zum Lebensinhalt geworden sind.

Astrologisches Zeichen:

Skorpion

SCLERANTHUS

Die Blüte für Zauderer

Aus der Bachblütengruppe:
Unsicherheit

Schlüsselwörter
Unentschlossenheit, Unausgeglichenheit, Zweifel, Entscheidungsschwierigkeiten, Ambivalenz, Sprunghaftigkeit, Unzuverlässigkeit, Stimmungsschwankungen, himmelhoch jauchzend – zu Tode betrübt, schusselig, launisch.

Botanischer Hintergrund
Scleranthus ist eine weitverbreitete Wildpflanze, deren deutscher Name (einjähriger Knäuel) den meisten Nichtbotanikern ebenso unbekannt ist wie der botanische *(Scleranthus annuus).* Häufig findet man Scleranthus am Rand von Weizenfeldern, als kleinen Busch, manchmal auch als eine Art verknäuelten Bodendecker. Zwischen Juni und September trägt er Büschel von Blüten, die aber nicht ganz leicht zu erkennen sind, weil sie ebenfalls grün sind.

Dr. Bach über Scleranthus
»Für diejenigen, die darunter leiden, daß sie sich nicht zwischen zwei Dingen entscheiden können. Erst kommt ihnen das eine richtig vor und dann das andere. Normalerweise sind das ruhige Menschen, die ihre Schwierigkeiten mit sich allein ausmachen, denn sie haben nicht die Neigung, mit anderen darüber zu diskutieren.«

Für wen ist Scleranthus geeignet?
- Für alle, die sich aus Unsicherheit schwer entscheiden können – und denen es schwerfällt, wenn sie sich endlich entschieden

haben, zu ihrer Entscheidung zu stehen; die nicht selbstbewußt genug sind, um zu akzeptieren, daß man auch einmal Fehler machen darf; und die – weil sie meist nicht über ihr Problem reden – bei anderen Menschen oft als skrupellos, unkonzentriert, sprunghaft oder unzuverlässig gelten.

☆ Für Kinder, die durch ihre Schusseligkeit, Unzuverlässigkeit und Unkonzentriertheit in der Schule große Probleme haben.

☾ Für Menschen mit tausend Zipperlein – heute zwickt's hier, morgen da. Besonders verbreitet sind starke Stimmungsschwankungen, Konzentrationsschwäche, Gleichgewichtsstörungen, Blutdruckschwankungen, Wechsel zwischen Durchfall und Verstopfung und zwischen Heißhunger und Appetitlosigkeit.

Was kann Scleranthus bewirken?

Scleranthus verhilft zu mehr Entschlossenheit, fördert die Fähigkeit, sich zu entscheiden und zu seinen Entscheidungen zu stehen, steigert die Konzentrationsfähigkeit und bestärkt Unentschiedene in der für sie immens schweren Aufgabe, andere um einen Rat zu bitten – und diesen Rat dann möglicherweise sogar anzunehmen.

Eventuell zusätzlich zu Scleranthus

- Cerato, wenn zu der Entscheidungsschwierigkeit die Unsicherheit kommt.
- Mimulus, wenn man sich aus Angst vor den Konsequenzen nicht entscheiden kann.

Astrologisches Zeichen:

Zwillinge

STAR OF BETHLEHEM
Die Schockblüte

Aus der Bachblütengruppe:
Mutlosigkeit und Verzweiflung

Schlüsselwörter
Schock, Unfall, Schreckensbotschaft, Trauma aus der Vergangenheit, Bedürfnis nach Trost, Seelentröster.

Botanischer Hintergrund
Der Goldige Milchstern *(Ornithogalum umbellatum)* ist ein Zwiebelgewächs, das im Frühling zarte, sechsblättrige Bütensterne trägt, die innen schneeweiß und außen meist grünweiß gestreift sind. Bütezeit ist zwischen April und Juni.

Dr. Bach über Star of Bethlehem
»Für Menschen mit großem Leid, die sich in einer Situation befinden, die sie für eine Zeit zutiefst unglücklich macht. Etwa der Schock nach einer schlimmen Nachricht, dem Verlust eines geliebten Menschen, einem schweren Unfall usw. Dieses Mittel bringt auch denen Trost, die untröstlich zu sein scheinen.«

Für wen ist Star of Bethlehem geeignet?
- ☼ Für alle, die einen akuten Schock erlitten haben, sowie für alle, die immer noch unter den Auswirkungen eines traumatischen Ereignisses leiden, von dem sie glauben, daß sie es niemals bewältigen können (Vergewaltigung, Mißbrauch, Unfall, Kriegserlebnisse etc.)
- ☆ Für Kinder, die sich in einer Schocksituation befinden (siehe oben) oder die unter den Nachwirkungen leiden. Typische Symptome sind Rückzug, Appetitlosigkeit, nicht spielen, nicht essen, schlecht schlafen.

☾ Für Menschen, denen in einer akuten Schocksituation die Stimme versagt oder die Knie zittern, die in Ohnmacht fallen und von Schüttelfrost befallen werden. Oder die – als Nachwirkungen eines Schocks – unter Depressionen leiden, vegetativen Störungen aller Art, Schlaflosigkeit, Magenschmerzen, Herzbeschwerden und schweren Ängsten.

Was kann Star of Bethlehem bewirken?
Star of Bethlehem hilft bei akuten traumatischen Erlebnissen ebenso wie bei der Bewältigung lange zurückliegender und verdrängter Traumata. Er tröstet die bekümmerte Seele und beschleunigt den Erholungsprozeß.

Eventuell zusätzlich zu Star of Bethlehem
- Agrimony, wenn man auch im Schock noch seine Gefühle zu verbergen versucht.
- Rock Rose, wenn aus der dumpfen Verzweiflung Panik und Hysterie wird.
- Mimulus, gegen die verzweifelte Frage, wie es nun weitergehen wird.

Astrologisches Zeichen:
Krebs

SWEET CHESTNUT
Die Blüte für Verzweifelte

Aus der Bachblütengruppe:
Mutlosigkeit und Verzweiflung

Schlüsselwörter
Niedergeschlagenheit, Ausweglosigkeit, Verzweiflung, Hoffnungslosigkeit, am Ende sein, am Abgrund stehen, dunkelste Nacht, Grenzsituation, vollständige Isolation, von Gott verlassen sein.

Botanischer Hintergrund
Sweet Chestnut, die Eßkastanie *(Castanea sativa)*, liebt offene Wälder und lockere Erde. Der sommergrüne Laubbaum mit den langen gezackten Blättern trägt zwischen Juni und August kätzchenartige Blüten.

Dr. Bach über Sweet Chestnut
»Für die Momente, in denen Menschen das Gefühl haben, daß die Verzweiflung so groß ist, daß sie sie nicht mehr ertragen können. Wenn Körper oder Geist spüren, daß sie an den äußersten Grenzen ihrer Kraft angelangt sind und daß sie jetzt zu zerbrechen drohen. Wenn es den Anschein hat, daß es nichts mehr geben könnte außer Vernichtung und Zerstörung.«

Für wen ist Sweet Chestnut geeignet?
- Für alle, die eigentlich stark, tatkräftig und optimistisch sind, aber in einer bestimmten Lebenskrise glauben, daß sie an einem Tiefpunkt ihres Lebens angekommen sind; die alle Hoffnung aufgegeben haben; die den Leidensdruck für unerträglich halten; die glauben, alles Menschenmögliche getan zu haben – aber alles war vergeblich, und nun müssen sie sich

dem gnadenlosen Schicksal unterwerfen; kurz, die körperlich, seelisch und geistig am Ende sind: nach dem Tode eines geliebten Menschen, bei einer zerbrochenen Liebe, einer tödlichen Krankheit etc.

☆ Für Kinder, die sich in einer akuten Phase tiefster Verzweiflung befinden (zum Beispiel nach dem Tod eines Haustiers.) Dabei spielt es keine Rolle, ob die Ursache des Herzeleids nach Ansicht der Erwachsenen gerechtfertigt ist oder nicht.

☾ Für Menschen, bei denen die Verzweiflung zum körperlichen Zusammenbruch führt. Dabei ist es offen, welche Krankheit ausbrechen kann.

Was kann Sweet Chestnut bewirken?

Die Blütenessenz kann dazu verhelfen, auch in tiefster Verzweiflung wieder eine Perspektive zu sehen und neue Hoffnung zu schöpfen.

Eventuell zusätzlich zu Sweet Chestnut

- Agrimony, wenn man auch in der tiefsten Verzweiflung noch den Anschein zu erwecken versucht, gefaßt und tapfer zu sein.
- Rock Rose, wenn die Verzweiflung mit einem Gefühl der Panik verbunden ist.
- Pine, gegen die Selbstvorwürfe und das Gefühl, versagt zu haben.

Astrologisches Zeichen:

Schütze

VERVAIN

Die Blüte für Zwangsbeglücker

Aus der Bachblütengruppe:
übertriebene Sorge um das Wohl anderer

Schlüsselwörter
Überschwenglichkeit, Helfersyndrom, jemanden zu seinem Glück zwingen wollen, Überzeugungstäter, übertriebene Begeisterungsfähigkeit, Idealismus, immer im Dienst, alles hundertfünfzigprozentig tun wollen, Fanatiker; Menschen, die stets an die Grenze ihrer Kraft gehen, die sich ständig für etwas engagieren.

Botanischer Hintergrund
Vervain, das Eisenkraut *(Verbena officinalis)*, ist eine alte Heilpflanze, die Sonne und trockenen Boden liebt. Zwischen Juni und September trägt sie flieder- oder purpurfarbene Blüten.

Dr. Bach über Vervain
»Für Menschen mit eisernen Prinzipien und Vorstellungen, die ihrer Ansicht nach richtig sind und die sie selten ändern. Sie haben den großen Wunsch, alle in ihrer Umgebung zu ihrer Lebenseinstellung zu bekehren. Sie haben einen ausgeprägten Willen und entwickeln viel Mut, wenn sie von den Dingen, die sie weitergeben wollen, überzeugt sind. Bei Krankheiten kämpfen sie auch dann noch weiter, wenn andere längst aufgegeben haben.«

Für wen ist Vervain geeignet?
- Für alle, die sich grundsätzlich mit Feuereifer in jede neue Aufgabe stürzen, ganz besonders dann, wenn sie einem guten Zweck dient, und die unglücklicherweise nicht damit zufrie-

den sind, sich selbst mit aller Kraft für etwas zu engagieren, sondern die dasselbe Engagement auch von anderen erwarten und den anderen mit diesem Übereifer bisweilen reichlich auf die Nerven gehen.

☆ Für Kinder, die wegen ihres ungebremsten und für Erwachsene schwer erträglichen Tatendrangs als hyperaktiv eingestuft werden.

☾ Für Menschen, die durch ihren Übereifer und weil sie ständig »unter Strom« stehen, zu nervösen Spannungen neigen sowie zu Bluthochdruck, Schlafstörungen und Verspannungen.

Was kann Vervain bewirken?

Vervain fördert die Einsicht, daß man mit seinem Engagement nicht in jedem Fall recht hat, dämpft den ungebremsten Tatendrang und lenkt das Engagement in geordnete Bahnen. Das führt allmählich zu der für Vervain-Menschen eigentlich völlig undenkbaren Erkenntnis, daß es in Ordnung ist, jeden nach seiner Fasson selig werden zu lassen.

Eventuell zusätzlich zu Vervain

- Impatiens, wenn man immer unter Druck steht.
- Vine, wenn die Neigung, andere zu ihrem Glück zwingen zu müssen, zu krasser Intoleranz führt.
- Rock Water, wenn man in Gefahr ist, vor lauter Übereifer die Lebensfreude zu verlieren.

Astrologisches Zeichen:

Widder

VINE

Die Tyrannenblüte

Aus der Bachblütengruppe:
übertriebene Sorge um das Wohl anderer

Schlüsselwörter
Machthunger, Unnachgiebigkeit, Herrschsucht, Dominanzstreben, Ehrgeiz, Führungsanspruch, Tyrannei, Herumkommandieren, Rechthaberei, Diktator, Oberlehrer, seinen Willen um jeden Preis durchsetzen wollen, Rücksichtslosigkeit, über Leichen gehen.

Botanischer Hintergrund
Vine, der Weinstock *(Vitis vinifera)*, ist neben Olive die zweite Pflanze, die Dr. Bach für seine Essenzen aus Italien importiert hat. Der kletterfreudige Wein trägt zwischen Juni und Juli zahllose, winzig kleine Blüten, die man unter der Fülle der dunkelgrünen, glänzenden Blätter allerdings kaum erkennen kann.

Dr. Bach über Vine
»Für sehr fähige Menschen, die von ihren eigenen Fähigkeiten überzeugt sind und auch von ihrem Erfolg. Weil sie von sich so überzeugt sind, glauben sie, daß andere davon profitieren würden, wenn sie sie überzeugen könnten, die Dinge genauso zu machen, wie sie das tun oder wie sie es für richtig halten. Selbst wenn sie krank sind, sagen sie ihren Helfern noch, was sie zu tun haben. In Krisen und Notsituationen können sie von großem Nutzen sein.

Für wen ist Vine geeignet?
- Für alle, deren unbestrittene Fähigkeiten zwar durchaus anerkannt werden, die aber wegen ihrer kompromißlosen

Rechthaberei und ihres autoritären Gehabes weithin unbeliebt sind.

☆ Für kleine Tyrannen, die sich von niemandem etwas sagen lassen und Eltern und Lehrer mit ihrem Widerspruchsgeist zur Verzweiflung bringen; für Kinder in der Trotzphase und in manchen Stadien der Pubertät, um deren an sich erfreuliches Durchsetzungsvermögen in etwas geordnetere Bahnen zu lenken.

☾ Für Menschen, bei denen Herrschsucht und Dominanzstreben zu den bei diesen Charaktereigenschaften häufig auftretenden Krankheitsbildern führen: Bluthochdruck, Kalkablagerungen in den Gefäßen, Gelenkdegeneration und Leberschäden.

Was kann Vine bewirken?

Vine kann dazu beitragen, Intoleranz und Herrschsucht ein wenig zu reduzieren und mehr Toleranz und Verständnis für die Menschen an den Tag zu legen, die weniger stark, fähig und kampfbereit sind als man selbst. Dadurch ist es möglich, respektiert zu werden, ohne gefürchtet zu sein.

Eventuell zusätzlich zu Vine

- Rock Water, wenn man in Gefahr ist, wegen seiner Strenge unmenschlich zu wirken.
- Willow, für Haustyrannen, die im Selbstmitleid ertrinken (»mich versteht ja keiner!«).
- Impatiens, für chronische Rechthaber, die immer gleich aus der Haut fahren.

Astrologisches Zeichen:

Löwe

WALNUT

Die Blüte für den Neubeginn

Aus der Bachblütengruppe:
Überempfindlichkeit gegenüber Einflüssen und Ideen

Schlüsselwörter
Wankelmut, Unentschiedenheit, Unsicherheit, Kleinmut, Beeinflußbarkeit, Nostalgie; in der Vergangenheit verhaftet sein.

Botanischer Hintergrund
Der Walnußbaum *(Juglans regia)*, ein sommergrüner Laubbaum, gedeiht bei uns nur in Gebieten mit mildem Klima. Die Blütenkätzchen erscheinen etwa zur gleichen Zeit wie das Laub – selten vor Ende April, Anfang Mai.

Dr. Bach über Walnut
»Für die Menschen, die klare Ideale und bestimmte Zielvorstellungen für ihr Leben haben und diese auch erfüllen. Aber manchmal, bei seltenen Gelegenheiten, lassen sie sich durch die Überzeugungskraft, den Enthusiasmus und die kraftvollen Argumente anderer von ihren eigenen Zielen, Ideen und Tätigkeiten ablenken. Dieses Heilmittel schützt vor Einflüssen von außen und gibt Beständigkeit.«

Für wen ist Walnut geeignet?
- Für alle, die vor einer wichtigen Entscheidung stehen und sich nicht trauen; die eigentlich genau wissen, was richtig ist, aber von anderen immer wieder Bestätigung brauchen; die vor allem dann, wenn es um Gefühle geht, gesagt haben möchten, was sie zu tun haben. Vor allem aber für diejenigen, die ein altes Kapitel freiwillig oder unfreiwillig zu Ende gebracht haben und nun besonders viel Mut und Kraft brauchen, weil

der Übergang in eine neue Lebensphase unmittelbar bevorsteht: Umzug, Berufswechsel, Scheidung, Schwangerschaft, Klimakterium, Rente etc.

☆ Für Kinder, die Zähnchen bekommen oder die einen wichtigen Schritt in die Selbständigkeit tun (Kindergartenbeginn, der erste Schultag, Umzug, Pubertät, Wachstumsschübe).

☾ Für Menschen, bei denen die Übergänge in neue Lebensabschnitte mit körperlichen Beschwerden oder Schmerzen verbunden sind: Schwangerschaftsbeschwerden, hormonelle Probleme, Wechseljahresbeschwerden, Zahnwechsel, Infektionskrankheiten, Kinderkrankheiten.

Was kann Walnut bewirken?

Walnut kann emotionale Ablösungsprozesse erleichtern und Kraft, Mut und Selbstvertrauen für den Neuanfang verleihen sowie die Fähigkeit, Entscheidungen zu treffen, ohne unbedingt andere um Rat fragen zu müssen. Auch im körperlichen Bereich führen das gestärkte Selbstvertrauen und die neugewonnene Stabilität dazu, den Wechsel kraftvoller und problemloser zu bewältigen und auftretende Beschwerden und Wehwehchen gelassen zu ertragen und rasch zu überwinden.

Eventuell zusätzlich zu Walnut

- Impatiens, wenn einem alles nicht schnell genug geht.
- Centaury, wenn man immer wieder andere um ihre Meinung fragt.
- Larch, wenn man Angst hat, dem Neubeginn nicht gewachsen zu sein.

Astrologisches Zeichen:

Waage

WATER VIOLET
Die Einzelgängerblüte

Aus der Bachblütengruppe:
Einsamkeit

Schlüsselwörter
Selbstgewählte Einsamkeit, Isolation, Reserviertheit, Arroganz, Überlegenheitsgefühl, Kontaktarmut; das Gefühl, etwas Besseres zu sein; introvertiert, Einzelgänger, Streber.

Botanischer Hintergrund
Water Violet, die Sumpfwasserfeder *(Hottonia palustris)*, gehört zu den geschützten Teich-, Sumpf- und Wasserpflanzen. Von Mai bis Juni trägt sie weiß-rosa, innen gelbe Blüten, die etwa 20 cm hoch aus dem Wasser herausragen.

Dr. Bach über Water Violet
»Für Menschen, die in gesunden wie in kranken Tagen gern allein sind. Sehr ruhige Menschen, die sich fast geräuschlos bewegen, wenig sprechen und wenn, dann mit sanfter Stimme. Sehr unabhängig, tüchtig und sich selbst genug. Fast völlig unabhängig von dem, was andere über sie denken. Sie stehen über den Dingen, lassen andere in Ruhe und befassen sich mit ihren eigenen Angelegenheiten. Oft klug und talentiert. Ihre Ruhe und Gelassenheit ist für die Menschen um sie herum ein Segen.«

Für wen ist Water Violet geeignet?
Dr. Bachs Beschreibung der Water-Violet-Typen ist so positiv, daß man sich fragt, warum Menschen mit diesen Eigenschaften eine Blütenessenz gegen diesen Gemütszustand einnehmen sollten. Aber es gibt sicher Fälle, in denen die Selbstgenügsamkeit

der Walter-Violet-Menschen mit Problemen verbunden ist, die ihnen das Leben schwermachen:

☼ Für alle, die dazu neigen, sich ausgeschlossen zu fühlen; die Angst haben, anderen Menschen gegenüber den falschen Ton zu treffen; die zwar gern allein sind, aber trotzdem bisweilen unter ihrer Kontaktarmut leiden und befürchten, menschenscheue Eigenbrötler zu werden.

☆ Für Kinder, die nach Ansicht ihrer Eltern allzuoft allein sind, auch wenn ihnen das nichts auszumachen scheint, und die von ihren Klassenkameraden als hochmütig oder als Streber bezeichnet werden.

☾ Für Menschen, deren Introvertiertheit ans Neurotische grenzt.

Was kann Water Violet bewirken?

Water Violet hilft, die innere Distanz gegenüber anderen Menschen abzubauen, geselliger, aufgeschlossener und lockerer zu werden – kurz, jemand zu sein, der zwar, wie jeder weiß und respektiert, gern seine Ruhe hat, den man aber trotzdem sympathisch findet.

Eventuell zusätzlich zu Water Violet

- Holly, wenn die selbstgewählte Isolation in einer gewissen Menschenverachtung begründet ist.
- Larch, wenn trotz aller Souveränität Minderwertigkeitsgefühle bestehen, die dem Kontakt zu anderen Menschen im Wege sind.
- Beech, wenn einem die anderen »zu blöd« sind.

Astrologisches Zeichen:

Fische

WHITE CHESTNUT

Die Blüte gegen Gedanken, die sich im Kreise drehen

Aus der Bachblütengruppe:
ungenügendes Interesse an der Gegenwart

Schlüsselwörter
Gedanken, die Karussell fahren, nicht vom Fleck kommen, sich im Kreise drehen; die Katze beißt sich in den Schwanz; Gedanken verfolgen einen bis in den Schlaf; das Gehirn spielt verrückt; gedanklich auf der Stelle treten.

Botanischer Hintergrund
White Chestnut, die Roßkastanie *(Aesculus hippocastanum)*, ist der Grundstock für mehrere Bachblüten. Bei dieser Essenz geht es um die weißen Blüten, die von Mai bis Juni auf hohen Kerzen wachsen.

Dr. Bach über White Chestnut
»Für Menschen, die nicht verhindern können, daß sich ungebetene Gedanken, Ideen und Argumente in ihrem Kopf festsetzen – meist zu einem Zeitpunkt, wenn das Interesse an der Gegenwart nicht so groß ist, daß es ihren Kopf voll und ganz auslasten würde. Gegen Gedanken, die quälen und bleiben oder, wenn man sie sich für eine Weile aus dem Kopf schlagen konnte, immer wiederkehren. Die Gegenwart solcher unerfreulicher Gedanken vertreibt den Frieden und beeinträchtigt die Fähigkeit, sich auf die Arbeit oder das Vergnügen des jeweiligen Tages zu konzentrieren.«

Für wen ist White Chestnut geeignet?

- Für alle, die von quälenden Gedanken verfolgt werden, ohne je zu einem Ergebnis oder einer Lösung zu kommen, und die diese Gedanken trotz allerbestem Willen nicht abschalten können.

☆ Für Kinder, die ungewöhnlich stark zum Grübeln neigen; für Kinder, die – etwa vor einer Klassenarbeit – nicht einschlafen können, weil sie Angst haben, sie schaffen es nicht, und die deshalb erst recht nervös und unkonzentriert werden.

☾ Für Menschen, die aufgrund ihrer zwanghaften Gedanken unter Schlaflosigkeit, Kopfschmerzen, Konzentrationsschwäche und unter Umständen sogar unter Zwangsvorstellungen leiden.

Was kann White Chestnut bewirken?

White Chestnut trägt dazu bei, den Teufelskreis der Gedanken zu durchbrechen, und verleiht die Ruhe, die notwendig ist, um wieder klar, konstruktiv und konzentriert denken zu können.

Eventuell zusätzlich zu White Chestnut

- Pine, wenn einen die Schuldgefühle nicht loslassen, auch wenn man an der Situation nichts mehr ändern kann.
- Cherry Plum, wenn der Zustand so gravierend ist, daß er zu Obsession (Besessenheit) werden kann.
- Aspen, wenn man von dunklen Vorahnungen erfüllt ist.

Astrologisches Zeichen:

Jungfrau

WILD OAT

Die Blüte für ewige Zauderer

Aus der Bachblütengruppe:
Unsicherheit

Schlüsselwörter
Unentschlossenheit bezüglich der Zukunft, Zersplitterung, sich verzetteln; nicht wissen, was man will; der ewige Student, Suche nach Selbstverwirklichung; nicht wissen, wo's langgeht; Richtungslosigkeit, sich nicht festlegen wollen.

Botanischer Hintergrund
Wild Oat, die Waldtrespe *(Bromus ramosus)*, bei uns meist unter dem Namen Wilder Hafer bekannt, wächst überall dort, wo es recht feucht ist. Blütezeit der in biegsamen Rispen versteckten Blüten: Juli bis August.

Dr. Bach über Wild Oat
»Für die, die den Ehrgeiz haben, im Leben etwas Herausragendes zu leisten, viele Erfahrungen zu sammeln und alles, was das Leben für sie bereithält, in vollen Zügen zu genießen. Ihr Problem ist, daß sie nicht wissen, welchen Beruf sie ergreifen sollen, denn obgleich sie ehrgeizig sind, verspüren sie keine besondere Berufung. Das kann zu Verzögerungen und zu Unzufriedenheit führen.«

Für wen ist Wild Oat geeignet?
- Für alle, die darunter leiden, daß sie stets alles mögliche anfangen und nicht zu Ende führen; die viele Talente haben, aber keine Ausdauer; die immer neue Ideen haben, neue Projekte ausbrüten, Anfangserfolge verzeichnen, aber dann die Lust verlieren.

☆ Für Jugendliche, die mit der Schule fertig sind und absolut keine Vorstellung haben, welchen Beruf sie ergreifen könnten.
☾ Für Menschen, die nach vielen Neuanfängen und zahllosen Enttäuschungen in Resignation und Depressionen verfallen.

Was kann Wild Oat bewirken?
Wild Oat kann zu mehr Klarheit über die beruflichen und privaten Zielvorstellungen verhelfen und auch dazu, wenn man wieder einmal in Gefahr ist, sich zu verzetteln, die Notbremse zu ziehen und das Begonnene zielstrebig zu Ende zu führen.

Eventuell zusätzlich zu Wild Oat
- Wild Rose, wenn man in Gefahr ist, wegen seiner chronischen Richtungslosigkeit in Resignation zu verfallen.
- Chestnut Bud, gegen Mutlosigkeit und das Gefühl: Es ändert sich doch nichts.
- Walnut, um mit Zuversicht einen neuen Lebensabschnitt zu beginnen.

Astrologisches Zeichen:
Wassermann

WILD ROSE

Die Fatalistenblüte

Aus der Bachblütengruppe:
ungenügendes Interesse an der Gegenwart

Schlüsselwörter
Apathie, Resignation, Kapitulation, null Bock; sich in sein Schicksal ergeben, durchhängen; mir ist alles egal, Teilnahmslosigkeit; hat ja alles sowieso keinen Zweck.

Botanischer Hintergrund
Wild Rose, das genügsame Heckenröschen, auch Hundsrose genannt *(Rosa canina)*, lebt seit viertausend Jahren ungefährdet am Weg- und Waldesrand. Von Juni bis August trägt die Pflanze zartrosa Blüten.

Dr. Bach über Wild Rose
»Für Menschen, die sich ohne einen echten Grund in ihr Schicksal ergeben haben und nur noch durchs Leben zu schleichen scheinen, alles hinnehmen, wie es kommt, ohne den geringsten Versuch, Dinge zu verändern oder an etwas Freude zu finden. Klaglos haben sie sich dem Lebenskampf ergeben.«

Für wen ist Wild Rose geeignet?
- ☼ Für alle, die nichts und niemanden mehr an sich herankommen lassen, deren Lebenskraft erloschen ist und die sich klaglos ihrem Schicksal ergeben haben, in all seiner Freudlosigkeit. Aber auch für diejenigen, die nur in einer bestimmten Lebensphase von allem »die Nase voll« haben, auf kleiner Flamme kochen und zu nichts mehr recht Lust haben.
- ☆ Für Kinder, die ohne erkennbaren Grund durchhängen, stun-

denlang vor dem Fernseher sitzen, an nichts Freude haben und ständig müde sind.

☾ Für Menschen, die müde, uralt und grau wirken, ohne daß eine erkennbare Krankheit dahintersteckt. Für Menschen, die krank sind – manchmal ist mit diesem Zustand eine lange, kräftezehrende Erkrankung verbunden – und denen der Wille, wieder gesund zu werden, völlig abhanden gekommen ist.

Was kann Wild Rose bewirken?

Wild Rose sprengt den seelischen Panzer und schafft es, Lebensfreude und Lebensmut allmählich neu zu erwecken und neue Kräfte zu aktivieren.

Eventuell zusätzlich zu Wild Rose

- Star of Bethlehem, wenn die Resignation mit einem erlittenen Schock zusammenhängt.
- Honeysuckle, wenn man sich völlig in die Erinnerungen an vergangene Zeiten geflüchtet hat.
- Mustard, wenn Anzeichen einer Depression zu erkennen sind.
- Gorse, in scheinbar hoffnungslosen Fällen.

Astrologisches Zeichen:

Fische

WILLOW

Die »Immer-ich«-Blüte

Aus der Bachblütengruppe:
Mutlosigkeit

Schlüsselwörter
Bitterkeit, Opferlamm, Groll, Verbitterung, Selbstmitleid, ungerecht behandelt, Zorn, unfair, Miesepeter, Spielverderber; alle sind gemein zu mir.

Botanischer Hintergrund
Willow, die Gelbe Weide *(Salix vitellina)*, erkennt man am ehesten an den leuchtendorangefarbenen Ästen. Sie gedeiht – wie alle Weiden – am besten dort, wo es feucht ist. Blütezeit ist von April bis Mai.

Dr. Bach über Willow
»Für Menschen, denen Feindseligkeit oder Unglück widerfahren ist und die das nur sehr schwer ohne Verbitterung und Klage hinnehmen können, denn sie beurteilen das Leben nur nach den Erfolgen, die es mit sich bringt. Sie meinen, eine so harte Prüfung nicht verdient zu haben, fühlen sich ungerecht behandelt und werden bitter. Oft hören sie auf, sich für die Dinge zu interessieren, die ihnen früher Freude bereitet haben, oder sie sind nicht mehr mit ganzem Herzen dabei.«

Für wen ist Willow geeignet?
- Für alle, die sich vom Schicksal, vom Leben, von den Angehörigen, den Kollegen, den Chefs ungerecht behandelt fühlen und die das Gefühl haben, daß das ein Muster ist, das sie das ganze Leben begleitet. Immer geht etwas schief, und stets sind die anderen dran schuld. Für Menschen, die keine

Lebensfreude haben und im Selbstmitleid zu ertrinken drohen.

☆ Für Kinder, die sich ständig über andere Kinder beklagen; die glauben, daß sie grundsätzlich zu kurz kommen und sehr nachtragend sind.

☾ Für Menschen, bei denen Groll und Erbitterung zu Magen- und Darmbeschwerden führen.

Was kann Willow bewirken?

Willow fördert die Fähigkeit, den Fehler auch einmal bei sich selbst zu suchen, und die Bereitschaft, mehr Eigenverantwortung zu entwickeln. Es stimmt versöhnlicher gegenüber der Umwelt und schafft es bisweilen sogar, aus unbeliebten Miesepetern, die die Last der Welt auf ihren Schultern tragen, angenehme Zeitgenossen zu machen.

Eventuell zusätzlich zu Willow

- Vine, wenn die Verbitterung einen tyrannisch und unerträglich macht.
- Holly, wenn zu der Erbitterung noch Haß, Neid und Aggressivität kommen.
- Beech, wenn man aus der Unzufriedenheit heraus ständig andere kritisieren muß.

Astrologisches Zeichen:

Skorpion

RESCUE
Die Notfalltropfen

Die mit großem Abstand bekannteste der Bachschen Blütenessenzen ist Rescue, Notfalltropfen. Dabei handelt es sich um eine Kombination aus fünf Essenzen, die jede für sich bereits für einen Notfall geeignet sind.

- Star of Bethlehem – bei Schock
- Cherry Plum – bei Kontrollverlust
- Impatiens – zur Beruhigung
- Rock Rose – bei Panik
- Clematis – gegen Bewußtlosigkeit und das Gefühl, gleich in Ohnmacht zu fallen

Rescue ist allerdings keineswegs nur für klassische Notfälle konzipiert. Die Notfalltropfen helfen gegen den Schock nach einem schweren Verkehrsunfall ebenso wie gegen die Angst vor einem Zahnarztbesuch oder einem bevorstehenden Gehaltsgespräch, bei einem Hornissenstich ebenso wie vor einer Lateinarbeit oder einer Schulaufführung. In all diesen und vielen anderen Krisensituationen hat sich Rescue millionenfach bewährt. Auch kränkelnde Zimmerpflanzen oder neurotische Haustiere reagieren positiv auf ein paar Tropfen Rescue. Dabei braucht niemand die Angst zu haben, daß das Mittel »zu stark« sein könnte. Rescue ist trotz der Kombination aus fünf Mitteln nicht »stärker« als andere Blütenessenzen, und es ist ebenfalls absolut unschädlich. Es macht also nichts, wenn man im ersten Schreck eine Überdosis der Notfalltropfen verabreicht.

Doch grundsätzlich hat Dr. Bach Rescue nicht als »Mittel für alles«, sondern für echte Notfälle entwickelt, also für Situationen, in denen man nicht die Zeit und die Muße hat zu überlegen, welche spezifische Essenz nun in Frage kommen könnte. Für solche Situationen sollte man möglichst immer eine Flasche davon griffbereit haben. Wenn der Betroffene die Tropfen nicht schlucken kann, reicht es, die Lippen, die Schläfen oder die Handgelenke damit zu benetzen. (Mehr über Rescue am Ende des folgenden Teils, S. 187f.)

TEIL III

Ute York

SYMPTOMREGISTER VON A BIS Z

Die Symptome, Gemütszustände, Charakterschwächen, Alltagskrisen und Beschwerden, bei denen sich Bachblüten bewährt haben

Erfahrungen mit der Blütentherapie

Über 50 Jahre Erfahrung im Umgang mit der Blütentherapie – in vielen Ländern der Welt – haben zu einem riesigen Erfahrungsschatz geführt, von dem Sie heute profitieren können:

Auf den folgenden Seiten finden Sie, alphabethisch geordnet, eine Reihe von Problemen, die mit Hilfe der richtigen Bachblüte bzw. Blütenmischung aus der Welt geschafft oder zumindest gelindert werden können – wie sich in unzähligen Fällen erwiesen hat. Bei den Stichwörtern in diesem Register (die Bachblütentherapeuten nennen es meist Repertorium) finden Sie in bunter Reihe körperliche Beschwerden, Alltagskrisen, Symptome, Gemütszustände und Charaktereigenschaften, die einem Menschen (und seiner Umwelt) das Leben schwermachen können. Von »Abgrenzung« bis »Zwanghaftigkeit« ist alles vertreten – inklusive der Bachblüte bzw. der Blütenmischung, die in diesem Fall helfen kann. Übrigens spielt es für die Wirkung keine Rolle, ob Sie an die Bachblüten glauben oder nicht. Die Blüten helfen, das ist seit Bach millionenfach nachgewiesen worden, bei Anhängern der Blütentherapie ebenso wie bei den Skeptikern, bei Haustieren ebenso wie bei Zimmerpflanzen. Am besten, Sie probieren es selber aus. Mit Sicherheit finden Sie in diesem Verzeichnis so manches Problem, das auch Ihnen zu schaffen macht.

So geht's

In einigen Fällen haben Sie es leicht. Da steht neben einer Eigenschaft oder dem körperlichen oder seelischen Problem ganz einfach die Bachblüte, die sich in diesem Fall erfahrungsgemäß als hilfreich erwiesen hat. Zum Beispiel finden Sie bei »Geiz«: Willow. Dann brauchen Sie, wenn Sie dieses Problem haben, nichts weiter zu tun, als diese Blütenessenz einzunehmen (oder dem betroffenen Familienmitglied zu »verordnen«).

Aber meistens ist es nicht ganz so einfach. Dr. Bach behandelte, wie Sie mittlerweile wissen, nicht in erster Linie die Symptome, sondern die Ursachen, die zu diesem Symptom geführt haben; nicht die Angst, sondern die Ursachen der Angst; nicht die Stillprobleme, sondern die Ursachen der Schwierigkeiten, und zwar sowohl bei der Mutter als auch beim Baby. Und da wird es dann wesentlich vielschichtiger, und Sie sind wohl oder übel gezwungen, sich über die Ursachen Ihres Problems Gedanken zu machen.

Um Ihnen das Leben – und den Einstieg in die Bachblütentherapie – leichter zu machen, sind bei den einzelnen Gemütszuständen und Symptomen die häufigsten Ursachen des Problems aufgeführt. Die sollten Sie sich gründlich durchlesen und dann entscheiden, welche davon Ihrem Problem am nächsten kommt. Die Blüte, die hinter diesem »Symptom« steht, ist dann diejenige, mit der Sie den größten Erfolg haben dürften. Selbstverständlich können Sie auch verschiedene Essenzen miteinander kombinieren. Wenn etwa Ihr Kind an den Nägeln kaut und Sie das Stichwort »Nägelkauen« aufgeschlagen haben und nach Durchsicht der möglichen Ursachen zu der Überzeugung gelangt sind, daß mindestens drei oder vier davon bei Ihrem Kind zutreffen, dann sollten Sie eine Blütenmischung aus diesen drei bis vier Essenzen herstellen (wie das geht, können Sie auf Seite 185 nachlesen). Oder aber Sie gehen in die Apotheke und lassen sich dort die Mischung zusammenstellen, das dauert nur wenige Minuten.

Wenn Sie das Gefühl haben sollten, daß das, was in dem Register steht, einfach nicht auf Sie zutrifft und daß in Ihrem Fall die Ursachen ganz woanders liegen, brauchen Sie trotzdem nicht auf die Blütentherapie zu verzichten: Lesen Sie sich Teil II »Die

38 Blachblüten« gründlich durch, und überlegen Sie selbstkritisch und möglicherweise gemeinsam mit anderen Familienmitgliedern, welche Blüte für diesen Fall in Frage kommen könnte.

Sie brauchen keine Angst zu haben: Sie können absolut nichts falsch machen. Die Blüten haben, auch wenn sie in völlig überhöhten Dosen eingenommen werden, garantiert keinerlei Nebenwirkungen. Das Schlimmste, das Ihnen passieren kann, ist, daß Sie die »falsche« Blüte ausgewählt haben – dann nutzt sie zwar nicht, aber sie kann in gar keinem Fall schaden.

Keine Angst vor Nebenwirkungen!

Bachblüten wirken zwar oft wie die sprichwörtlichen Backpflaumen, aber sie heilen immer »nur« auf der feinstofflichen Ebene, das heißt, sie beeinflussen ausschließlich das Energiefeld eines Menschen. Dort gleichen die »richtigen« Blüten Defizite aus, vermitteln die Information, die der Mensch braucht, um ausgeglichener zu sein. Die falsch ausgewählten Blüten helfen zwar nicht, aber sie können auch auf gar keinem Fall gesundheitlichen Schaden anrichten. Auf der körperlichen Ebene bewirken die Bachblüten nämlich rein gar nichts. Wie könnten sie auch, da sie nachweislich keinerlei pharmakologische Wirkstoffe enthalten.

Eine völlig andere Sache sind dagegen die emotionalen Nebenwirkungen, die viele Menschen nach der Einnahme spüren. Sie stellen zum Beispiel fest, daß sie völlig anders als sonst reagieren, und fühlen sich aufgewühlt und unruhig. Es dauert eine Weile, bis sie lernen, mit den Gefühlen umzugehen, die aus Ihrem Unbewußten nach oben dringen. Doch das ist nach Dr. Bach eine höchst erwünschte Nebenwirkung! Wo gehobelt wird, fallen Späne, sagen die Bachblütentherapeuten. Vor der Heilung hat die Entgiftung zu stehen, auf der seelischen Ebene ebenso wie auf der körperlichen. Aber sie versichern, daß dieser Zustand, mag er auch ein wenig unangenehm sein, schnell vorübergeht.

Und wenn die Blütenessenzen nicht helfen?

Zunächst gilt die Devise: Haben Sie Geduld, und hüten Sie sich vor übertriebenen Erwartungen. Wunder dauern selbst bei den Bachblüten etwas länger!

Doch wenn Sie nach einigen Wochen merken, daß die von Ihnen gewählte Blüte nicht hilft, geben Sie bitte nicht gleich auf. Der scheinbare Mißerfolg bedeutet nicht, daß die Bachblütentherapie bei Ihnen nicht funktioniert. Viel wahrscheinlicher ist, daß Sie die falschen Blüten ausgesucht haben. Lesen Sie das Register noch einmal gründlich durch, vergleichen Sie die Informationen, die dort für Ihren »Fall« vorgeschlagen werden, mit den Beschreibungen der einzelnen Essenzen in Teil II, und probieren Sie's noch mal! Aber verabreichen Sie möglichst nicht mehr als fünf bis höchstens sechs Essenzen. Die Devise »Viel hilft viel« ist in der Bachblütentherapie, bei der es um feinste Schwingungen geht, noch sinnloser als sonst!

Wenn auch dann noch der Erfolg ausbleibt und Sie das Gefühl haben, Sie »schwimmen«, dann wenden Sie sich an einen Fachmann. So ausführlich und gründlich dieses Register auch sein mag – es kann einen geschulten Bachblütentherapeuten nicht ersetzen!

Welche Bachblüte für welches Problem

Abgrenzung, fehlende: Centaury
Abhängigkeit von der Meinung anderer: Cerato
Ablehnung, Angst vor: Larch, Centaury
Ablenkbarkeit
- Bei Konzentrationsschwierigkeiten: Clematis
- Bei Stimmungsschwankungen: Scleranthus
- Bei Mangel an Ausdauer: Scleranthus
- Wenn Sie vermuten, daß sich hinter dem Konzentrationsmangel Probleme und Sorgen verbergen, die der Betroffene gekonnt überspielt: Agrimony
- Wenn jemand mit den Gedanken häufig ganz woanders ist und in den Tag hineinträumt: Clematis
- Wenn der Betroffene sprunghaft in seinen Stimmungen ist und sehr unentschlossen, wenn es um die Durchführung geht: Scleranthus
- Wenn einer sehr chaotisch ist und sehr leicht und immer wieder ablenkbar: Chestnut Bud
- Wenn man einen Gedanken nie zu Ende denken kann: White Chestnut
- Wenn man alles Unwichtige zuerst macht: Hornbeam

Abstillen
Für das Baby:
- Um ihm den ersten Schritt ins unabhängige Leben zu erleichtern: Walnut
- Wenn das Füttern mit der Flasche – oder dem Löffel – nicht gleich klappt und das Baby wütend und frustriert ist: Impatiens
- Wenn das Baby jede andere Form der Nahrungsaufnahme strikt verweigert: Beech

- Wenn das Baby auf die Umstellung sehr ängstlich reagiert: Mimulus
- Gegen die Sehnsucht nach der Innigkeit der Stillzeit: Honeysuckle

Für die Mutter:

- Wenn die Mutter unsicher ist und selber nicht genau weiß, ob sie nicht doch weiterstillen soll: Scleranthus, Cerato
- Gegen die Angst, dem Baby könnte die neue Nahrung nicht bekommen: Mimulus
- Gegen die Sehnsucht nach der Innigkeit des Stillens: Honeysuckle
- Für einen harmonischen Übergang in eine neue Lebensphase: Walnut

Übrigens: Viele Mütter haben die Erfahrung gemacht, daß der abnehmende Mond die beste Zeit zum Abstillen ist.

Adoption

- Gegen den Schock, den das Kind erlebt, wenn es erfährt, daß es adoptiert ist: Star of Bethlehem
- Bei Aggressionen gegenüber den Adoptiveltern (warum habt ihr mir das nicht früher gesagt?): Holly
- Bei Bitterkeit gegenüber den leiblichen Eltern (warum haben sie mich hergegeben?): Willow
- Bei Selbstzweifeln und Minderwertigkeitsgefühlen: Pine
- Wenn das Kind Angst hat, die Adoptiveltern könnten es ebenfalls »weggeben«: Mimulus

Aggressionen:

- Bei Streitlust und der Neigung zu Handgreiflichkeiten: Holly
- Für kleine und große Giftzwerge: Holly
- Gegen unterdrückte Wut, Neid, Eifersucht: Holly
- Wenn jemand vor innerer Anspannung aus der Haut fährt: Cherry Plum
- Wenn das zerstörerische Verhalten einen akuten Grund hat (Umzug, Einleben in eine neue Schule, Erreichen der Frühpubertät etc.): Walnut

- Wenn jemand ohne Rücksicht auf Verluste immer den eigenen Willen durchsetzen will: Vine
- Wenn die Aggressivität eine Reaktion auf mangelnde Zuwendung ist: Chicory

Alkoholismus
- Wenn man trinkt, um seine wahren Gefühle zu verbergen: Agrimony

Allein sein
- Angst davor: Agrimony, Chicory, Mimulus
- Möchte am liebsten: Water Violet

Allergie
- Wenn der Allergiker besonders leicht verletzbar (»dünnhäutig«) ist: Star of Bethlehem
- Wenn er zu wenig Selbstbewußtsein hat: Larch
- Wenn er sehr unsicher ist: Larch
- Wenn er stark von Ängsten geplagt wird: Aspen, Mimulus
- Wenn er übertrieben ordentlich oder pingelig ist: Crab Apple, Pine
- Wenn er sehr unausgeglichen ist: Holly, Scleranthus
- Wenn Sie vermuten, daß unterdrückte sexuelle Neigungen ein Grund sein könnten: Crab Apple

Alpträume
- Als Erste Hilfe bei Alpträumen: Rock Rose oder Rescue-Tropfen gegen den Schrecken und das nackte Entsetzen, außerdem Aspen und Cherry Plum
- Wenn das »Leitmotiv« des Alptraums bekannt ist, helfen Tropfen gegen diese Art der Ängste, z. B.
- Bei Kindern gegen die Angst, daß ein Elternteil stirbt: Mimulus
- Bei Angst vor der Dunkelheit: Mimulus (dazu ein kleines Nachtlicht!)
- Nach einem tragischen oder traumatischen Ereignis: Honeysuckle, Star of Bethlehem

Altern
- Bei Angst vor dem Altwerden: Walnut, Mimulus
- Bei Verbitterung und Verhärtung: Willow
- Bei Altersgeiz: Willow
- Bei völligem Rückzug in die Vergangenheit: Honeysuckle
- Bei Vergeßlichkeit und Konzentrationsschwäche: Chestnut Bud
- Bei Angst vorm Sterben: Walnut

Angst
- Angst, verrückt zu werden: Cherry Plum
- Angst vor Alleinsein: Heather
- Angst vor konkreten Dingen: Mimulus
- Angst vor Liebesverlust: Chicory
- Angst vorm Altern: Walnut, Mimulus
- Angst vorm Sterben: Walnut
- Angst, grundlose: Aspen
- Angst, etwas nicht zu schaffen: Elm
- Unfähig, dem Tag zu begegnen: Hornbeam
- Angst vor dem Tod oder Egoverlust: Rock Rose
- Angst, den Verstand zu verlieren: Cherry Plum
- Angst, die Kontrolle zu verlieren: Cherry Plum
- Angst vor Ablehnung: Cerato
- Versagensängste: Mimulus
- Angst vor Ansteckung: Crab Apple, Mimulus
- Diffuse, unerklärliche Ängste: Aspen
- Übertriebene Sorge um das Glück anderer: Red Chestnut
- Unbewußte Ängste: Aspen
- Angst vor alltäglichen, konkreten Dingen: Mimulus
- Angst vor dem Urteil anderer: Larch
- Wenn jemand die Zähne zusammenbeißt, aber man weiß, wie sehr er sich insgeheim vor etwas fürchtet: Agrimony
- Wenn die Angst zur Hysterie wird: Cherry Plum
- Bei Panik: Rock Rose
- Wenn ein Kind Angst hat und nicht weiß, wovor: Aspen

- Bei schreckhaften Babys: Aspen
- Wenn ein Kind ungewöhnlich viel Angst vor dem Alleinsein hat und sehr viel Zuwendung braucht: Heather
- Wenn ein Kind sich um Mutter und Vater große Sorgen macht: Red Chestnut

Anpassungsfähigkeit, übertriebene: Centaury, Cerato

Antriebslosigkeit

- Wenn einer sich zu nichts aufraffen kann: Hornbeam
- Bei chronischer Trägheit: Wild Rose
- Wenn jemand sich in Tagträume flüchtet oder nur noch vor dem Fernseher sitzt: Clematis
- Wenn jemand vor einer Prüfung vor lauter Lernen völlig ermattet ist: Olive
- Wenn jemand sich vor allem drückt, weil er vom Charakter her träge und bequem ist: Wild Rose
- Wenn jemand wegen seiner Entscheidungsunfähigkeit gar nichts tut: Cerato

Apathie: Wild Rose

- Aus Erschöpfung: Olive
- Aus Gleichgültigkeit: Mustard, Wild Rose
- Aus Tagträumerei: Agrimony
- Bei Bitterkeit: Willow
- Infolge von körperlicher oder geistiger Überlastung: Olive
- Wenn jemand völlig lustlos, apathisch und teilnahmslos ist und »null Bock« hat: Wild Rose

Arroganz

- Aus Snobismus: Water Violet
- Aus Intoleranz: Beech
- Aus Herrschsucht: Vine

Arthritis (Gicht, Verhärtungen, Erstarrungen): Willow

Askese bis zur Selbstkasteiung: Rock Water

Asthma

- Wenn eine überbetonte Mutterbindung mit Abhängigskeitscharakter besteht: Honeysuckle, Walnut

– Wenn der Asthmatiker die Mutter als verwöhnend, bemutternd und bevormundend empfindet: Centaury, Walnut
– Wenn der Betroffene sehr ehrgeizig und überaus gewissenhaft ist: Pine, Rock Water
– Wenn er ein sehr geringes Selbstwertgefühl hat: Larch
– Wenn er bisweilen zwanghafte oder hysterische Eigenschaften hat: Cherry Plum, Heather, White Chestnut
– Wenn er sich in ständiger Opposition zu irgend etwas oder irgend jemand befindet: Beech, Cherry Plum, Holly, Willow
– Wenn die Aggressionen nicht ausgelebt werden, sondern drinnen bleiben: Agrimony, Willow
– Wenn der Betroffene Angst vor geschlossenen Räumen hat und oft von Wasser und Höhlen träumt (vorgeburtliche Träume): Holly, Larch, Mimulus, Gentian
– Wenn zwischen Mutter und Tochter starke Konkurrenz besteht: Scleranthus
– Bei einem akuten Anfall: Rescue, Rock Rose, Star of Bethlehem
– Bei einem Anfall in einer Konfliktsituation: Rescue, Star of Bethlehem, Rock Rose, eventuell zusätzlich Pine
– Bei Angst vor Kontrollverlust: Cherry Plum

Aufdringlichkeit: Heather
Aufmerksamkeit, übertriebenes Bedürfnis nach: Clematis
Ausdauer, Mangel an
– Wenn einer beim geringsten Problem aufgibt: Gentian

Außenseiter
– Wenn einer gern allein ist und dadurch abweisend wirkt: Water Violet
– Aus Angst vor Ablehnung: Larch, Centaury

Autofahrten, lange
– Bei Territoriumsgefechten zwischen den Kindern auf der Rückbank (ich sitze am Fenster!): Holly
– Bei Übelkeit und Reisekrankheit: Scleranthus
– Bei Ungeduld: Impatiens

- Bei Angst vor Unfällen: Mimulus
- Bei Langeweile: Wild Oat
- Wenn lange nichts passiert: Hornbeam

Autorität

- Bei Unsicherheit und Gehemmtheit gegenüber Höherstehenden: Larch
- Bei übertriebenem Dominanzstreben und autoritärem Verhalten: Vine

Benachteiligung, Gefühl von »immer ich!«: Willow
Bequemlichkeit, übertriebene: Wild Rose
Besitzanspruch, exzessiver: Red Chestnut, Chicory
Besserwisserei: Beech, Vine
Bettnässen (bei Kindern)

- Wenn man bemerkt, daß ein Kind häufig weint, sich aggressiv verhält *und* ins Bett macht: Cherry Plum, Heather, Pine
- Wenn das Kind schon trocken war und wieder »rückfällig« geworden ist: Chestnut Bud
- Wenn ein neues Baby in der Familie geboren wurde und das größere Kind eifersüchtig ist und auch wieder klein sein will: Larch, Holly, Chicory
- Bei Schuldgefühlen des Kindes: Pine
- Wenn das Kind tagsüber zu stark unter Druck steht (z. B. durch Schule, Freunde, zu große Verantwortung in der Familie): Cherry Plum
- Wenn sich hinter dem Bettnässen ein Schrei nach Aufmerksamkeit und Zuwendung verbirgt: Heather, Star of Bethlehem, Centaury
- Wenn das Kind häufig unter Alpträumen leidet: Rock Rose (siehe auch »Alpträume«)
- Wenn wegen des Problems die Beziehung zwischen Eltern und Kindern ernsthaft gestört ist: Agrimony, Holly
- Wenn das Kind das Gefühl hat, wegen seines Versagens minderwertig zu sein: Larch

- Wenn das Kind nach einem Schockerlebnis wieder ins Bett macht: Rock Rose, Star of Bethlehem
- Wenn das Kind Angst vor den Eltern (oder vor Strafe) hat: Mimulus
- Wenn das Kind zu den eigenen Körperausscheidungen ein negatives Gefühl hat: Crab Apple
- Wenn das Kind sich wegen nächtlicher Angstzustände nicht zur Toilette traut: Rock Rose

(In den meisten Fällen wird empfohlen, daß die Eltern mitbehandelt werden.)

Daumenlutschen
- Wenn das Kind Angst vor Ablehnung hat: Mimulus, Larch
- Wenn das Kind zu schüchtern ist: Larch
- Wenn das Kind wegen des Daumenlutschens Schuldgefühle hat: Pine
- Wenn der Daumen der alleinige Tröster gegen Einsamkeit ist: Star of Bethlehem
- Wenn das Kind gern freiwillig mit dem Daumenlutschen aufhören möchte und es allein nicht schafft: Walnut, Centaury
- Wenn das Kind Angst vor einer Prüfung oder einer Klassenarbeit hat: Mimulus

Depressionen
- Wenn die Seele ohne erkennbaren Grund in ein schwarzes Loch fällt: Mustard
- Bei Selbstzweifel und Mutlosigkeit nach einer Niederlage: Gentian

Despotismus: Vine

Destruktivität
- Bei gnadenloser Kritik an anderen: Beech
- Bei Kontrollverlust infolge von Streß: Cherry Plum

Doktorspiele
- Wenn Kinder wegen der sexuellen Experimente ein schlechtes Gewissen haben: Pine

- Wenn sie sich »schmutzig« fühlen: Crab Apple
- Wenn sie mitgemacht haben, weil sie nicht den Mut hatten, nein zu sagen: Centaury
- Wenn sie von Größeren dazu gezwungen wurden und sich nicht wehren konnten: Willow, Walnut

Don-Quichote-Syndrom (die Neigung, gegen Windmühlen zu kämpfen): Chestnut Bud

Drogenkonsum
- Um die wahren Gefühle unter einer Maske der Fröhlichkeit zu verbergen: Agrimony
- Zur Unterstützung, um sich von der Sucht zu befreien: Chestnut Bud
- Um der Realität zu entfliehen: Clematis

Duckmäuserei: Centaury

Egoismus, Egozentrik
- Kann nie genug Zuwendung und Liebe bekommen: Chicory
- Denkt in erster Linie an seine eigenen Interessen: Chicory, Willow, Heather
- Hat eine unangemessen hohe Meinung von sich selbst: Heather

Ehrgeiz

Zu viel Ehrgeiz:
- Geht über Leichen, um sein Ziel zu erreichen: Vine
- Hat Träume von Erfolg, aber nicht die Tatkraft: Wild Oat
- Wenn jemand ein Opfer seines eigenen Ehrgeizes wird und zu sehr unter Druck steht: Rock Water
- Ist nie zufrieden mit seiner Leistung, will immer noch besser werden: Rock Water
- Wenn jemand wegen einer schlechten Note, einer nicht perfekten Leistung, am Boden zerstört ist: Rock Water
- Wenn jemand mit seinem Ehrgeiz die anderen überrennt und im Zusammenhang mit ihm immer wieder Begriffe wie »Musterknabe« und »Klassenprimus« fallen: Vervain

– Wenn jemand wegen seines krankhaften Ehrgeizes immer mehr Freunde verliert: Rock Water
– Wenn einer sich vor lauter Ehrgeiz völlig überfordert, aber jede Hilfe ablehnt: Oak
– Wenn man zu Überheblichkeit gegenüber Menschen neigt, die nicht so klug sind: Beech
– Wenn Ehrgeiz als Machtinstrument verwendet wird: Vervain

Zu wenig Ehrgeiz:
– Wenn man vor Schusseligkeit immer wieder die wichtigen Dinge vergißt: Chestnut Bud, White Chestnut
– Wenn ein Schüler ständig mit den Gedanken woanders ist und die Lehrer über Unkonzentriertheit klagen: Clematis, Chestnut Bud, White Chestnut
– Wenn man schlapp und lustlos ist und die Aufgaben immer vor sich herschiebt: Hornbeam
– Wenn Ihr Kind immer alles weiß, aber Angst hat, sich zu melden: Larch
– Wenn ein Kind auffällig zu Flüchtigkeitsfehlern neigt: Chestnut Bud
– Wenn jemand sich von anderen dominieren läßt: Centaury

Eifer, missionarischer: Vervain

Eifersucht
– Wenn jemand sich ständig benachteiligt fühlt: Willow
– Wenn jemand dem Partner ständig mißtraut: Holly

Unter Geschwistern:
– Wenn das ältere Kind aggressiv wird, sobald man sich mit dem Baby befaßt: Holly
– Wenn es klammert und verhindern will, daß die Mutter sich um das Kleine kümmert: Chicory
– Wenn es Angst hat, daß die Eltern es nicht mehr liebhaben: Mimulus
– Wenn ein Kind alles tut, um im Mittelpunkt zu stehen: Heather
– Wenn es sich äußerlich nichts anmerken läßt, aber die Eltern

spüren, wie es unter der vermeintlichen Zurücksetzung leidet: Agrimony
- Während der Trennung, wenn die Mutter noch im Krankenhaus ist: Honeysuckle, Star of Bethlehem
- Wenn die Eltern dem Kind die Gewöhnungsphase erleichtern wollen: Walnut

Für gestreßte Mütter:
- Wenn Sie das Gefühl haben, alles wächst Ihnen über den Kopf: Elm
- Wenn Sie Ihre Nerven im Stich lassen und Sie Angst haben, ungerecht zu werden: Beech
- Wenn Sie Schuldgefühle haben, weil Sie befürchten, daß Ihr Ältestes zu kurz kommt: Pine

Eigenbrötler: Water Violet
Eigensinn: Rock Water
Einmischen, Neigung zum: Chicory
Einsamkeit: Water Violet
Einseitigkeit: Rock Water
Einzelgänger
- Wenn jemand Schwierigkeiten im Umgang mit anderen Menschen hat und häufig abgelehnt wird: Water Violet, Chicory
- Wenn die Isolation nicht freiwillig ist, sondern eine Folge von Unsicherheit oder einem Mangel an Selbstbewußtsein: Larch
- Wenn man Angst vor Ablehnung hat: Mimulus, Gentian
- Wenn ein kleines Kind sich nicht zu anderen Kindern traut, weil es noch zu sehr mit der Mutter verbunden ist und sich an sie klammert: Honeysuckle, Walnut
- Wenn jemand sich wegen einem großen Herzeleid zurückzieht: Star of Bethlehem, Sweet Chestnut
- Wenn ein Kind die anderen Kinder »zu doof« findet: Beech
- Wenn jemand nach einem Umzug Schwierigkeiten hat, Kontakte zu finden: Walnut
- Wenn jemand so tut, als ob ihm das Alleinsein überhaupt nichts ausmacht: Agrimony

– Wenn einer sich für etwas Besseres hält: Water Violet
– Wenn jemand (nach der Meinung anderer) zu gern allein ist: Water Violet

Eitelkeit: Water Violet, Heather
Engherzigkeit: Beech
Engstirnigkeit: Rock Water
Entbindung
– Gegen die Angst vor Schmerzen und zur Entspannung: Rescue
– Wenn die Wehen als unerträglich empfunden werden: Cherry Plum
– Bei Wochenbettdepressionen: Mustard

Entscheidungsunfähigkeit: Cerato
Enttäuschung, menschliche: Star of Bethlehem
Erkältung
– Bei Erkältungen, hinter denen auch Frust, Betroffenheit, Ekel und ohnmächtiger Ärger stehen: Crab Apple, Holly, Star of Bethlehem, Willow
– Bei Husten, hinter dem eine personengerichtete Aggression steckt: Beech, Holly
– Bei Apathie: Wild Rose
– Bei Kraftlosigkeit: Olive
– Bei starken Krankheitsgefühlen: Crab Apple

(Auch wenn Sie die Ursache häufiger Erkältungen nicht herausfinden, können Bachblüten Erleichterung verschaffen: Sie bewirken zwar absolut nichts gegen die Viren, aber viel gegen die schlechte Stimmung, die eine Folge der Krankheit ist.)
Erschöpfung: Olive
Essensprobleme:
– Wenn jemand sich vor vielen Nahrungsmitteln ekelt: Crab Apple
– Wenn man nachts Heißhunger bekommt: Scleranthus
– Wenn jemand andere mit Essensverweigerung erpreßt: Vine, Chicory

- Wenn man nicht essen kann, weil man unter Druck steht: Cherry Plum
- Wenn einem ein Kloß im Hals sitzt: Holly, Agrimony
- Wenn man vor Kummer keinen Bissen herunterkriegt: Star of Bethlehem

Fanatismus
- Bei einem »Putzfimmel«: Crab Apple
- Bei der Neigung, andere immer wieder zu ihrem Glück zu zwingen: Vervain
- Zieht bis zur Selbstkasteiung durch, was er sich vorgenommen hat (z. B. eine strenge Diät): Rock Water

Fernsehsucht: Clematis
Fremdeln: Mimulus
Freunde, keine
- Wenn das Kind sich nicht durchsetzen kann und sich immer wieder von anderen Kindern ausnützen läßt: Centaury
- Wenn es immer wieder versucht, durch negatives Verhalten auf sich aufmerksam zu machen: Chicory, Vine
- Wenn Ihr Kind schnell ungeduldig wird, weil nicht alle nach seiner Pfeife tanzen: Impatiens
- Wenn Ihr Kind dazu neigt, der Außenseiter zu sein, wenig sagt, leicht ein wenig arrogant wirkt und die anderen »doof« findet: Water Violet
- Wenn Ihr Kind nichts lieber hätte als Freunde, sich aber vor Schüchternheit nicht traut, auf andere zuzugehen: Larch, Mimulus
- Wenn Ihr Kind immer wieder aneckt, weil es die anderen herumkommandiert und immer der Anführer von allen sein will: Vine
- Wenn es sich als Besserwisser unbeliebt macht: Beech
- Wenn Ihr Kind zu verträumt und realitätsfremd ist: Clematis
- Wenn es durch ständige Aggressionen alles zerstört: Holly
- Wenn die Freunde täglich wechseln: Wild Oat

Fürsorge, übertriebene: Chicory

Gefühlsausbrüche, gewaltsame: Cherry Plum
Gefühlskälte: Rock Water
Geistesabwesenheit: Clematis
Geiz: Willow
Geltungsbedürfnis: Heather
Geschwisterstreit
- Wenn Neid (worauf auch immer) die Wurzel allen Übels ist: Holly
- Wenn eines der Kinder versucht, immer im Mittelpunkt zu stehen: Heather
- Wenn eines immer versucht, die anderen unterzubuttern: Vine
- Wenn Intoleranz und Überheblichkeit unerträglich werden: Beech
- Wenn die Aggressionen kochen: Holly
- Wenn die Nörgelei nicht auszuhalten ist: Beech
- Wenn das jüngere Kind das Gefühl hat, immer im Schatten zu stehen: Larch
- Wenn eines immer alles für sich allein haben will: Heather
- Wenn sich einer der Streithähne immer unfair an die Eltern klammert: Chicory
- Wenn das ältere Kind häufig sehr gereizt und ungeduldig reagiert: Impatiens
- Wenn eines das Gefühl hat, immer ungerecht behandelt zu werden (»immer ich!«): Willow
- Wenn eines sich nie wehren kann: Centaury
- Wenn immer wieder um das gleiche gestritten wird: Chestnut Bud
- Wenn eines auf seinem Recht beharrt, obgleich es weiß, daß es im Unrecht ist: Cherry Plum
- Wenn eines der Kinder um des lieben Friedens willen immer nachgibt: Agrimony

- Wenn für eines der Kinder nach einem Streit immer die Welt zusammenbricht: Star of Bethlehem, Sweet Chestnut
- Wenn ein Kind das andere ständig überfährt: Vervain

Gewissenbisse, chronische: Pine
Gleichgültigkeit: Vine
Größenwahn: Vine
Grübeln, Neigung zum: White Chestnut
Gutgläubigkeit: Chestnut Bud
Gutmütigkeit, übertriebene: Centaury

Hagestolz: Water Violet
Harmoniesucht: Agrimony
Haustyrann: Vine
HB-Männchen, hochgehen wie ein: Cherry Plum
Heimweh: Honeysuckle
Hektik: Impatiens
Hemmungen beim Zeigen von Gefühlen: Cherry Plum
Herrschsucht: Vine
Herz, gebrochenes: Sweet Chestnut
Herzeleid: Star of Bethlehem
Heulsusen: Honeysuckle
Heuschnupfen

- Wenn man sich extrem unwohl fühlt und rasche Erleichterung braucht: Rescue
- Gegen Apathie: Wild Rose
- Gegen den Schleim, die Tränen und den Juckreiz: Crab Apple
- Gegen Schwäche und Müdigkeit: Olive
- Wenn man gegen jemand anders allergisch ist: Holly
- Wenn man sich als schuldloses Opfer der Allergie empfindet: Willow

Hitzkopf: Holly, Scleranthus
Hochmut: Water Violet
Hoffnungslosigkeit: Gorse
Horror: Rock Rose

Hunger nach Anerkennung: Heather
Hyperaktivität bei Kindern
Für das Kind:
- Wenn das Kind extrem unruhig und zappelig ist: Impatiens
- Wenn das Kind so unter Druck steht, daß es zu platzen scheint: Cherry Plum
- Wenn das Kind trotzig, aggressiv und fordernd ist: Holly
- Wenn es hysterisch reagiert: Cherry Plum
- Wenn es sich für zu viele Dinge gleichzeitig begeistert: Vervain, Wild Oat

Für die Eltern:
- Gegen Ungeduld und Gereiztheit: Impatiens
- Wenn Sie im Selbstmitleid baden (»warum ausgerechnet ich?«): Willow
- Wenn Sie mit den Nerven völlig am Ende sind: Sweet Chestnut, Gorse
- Wenn Sie seelisch und körperlich fertig sind: Olive

Hypersensibilität: Aspen, Crab Apple, Holly
Hysterie: Rock Rose, Cherry Plum

Ichbezogenheit: Heather
Inkonsequenz: Scleranthus
Interesselosigkeit: Wild Rose
Intoleranz: Beech

Jähzorn: Cherry Plum
Jasagerei: Centaury

Kinderkrankheiten
- Wenn das Kind sehr wehleidig ist und die ganze Zeit bedauert und bemuttert werden möchte: Chicory
- Wenn es nörgelig und sehr unleidlich ist: Beech
- Wenn es nach außen hin sehr tapfer ist, innerlich aber furchtsam und ganz klein: Agrimony

- Wenn es völlig apathisch und wie ein Häufchen Elend im Bett liegt: Wild Rose
- Wenn es sehr reizbar ist, ungeduldig und nur mit Mühe im Bett zu halten: Impatiens
- Wenn es sehr ängstlich und nervös ist: Mimulus
- Wenn es sehr aggressiv ist und viel schreit: Holly
- Wenn es sich mit seiner Krankheit enorm wichtig vorkommt und pausenlos darüber redet: Heather
- Wenn es keinen an sich heran läßt: Water Violet
- Wenn es die gesamte Familie herumkommandiert: Vine

Außerdem:
In allen akuten Fällen: Rescue, die Notfalltropfen
Wenn es juckt, beißt, kratzt und die Nase läuft: Crab Apple
Bei einem Rückfall: Gentian, Chestnut Bud
Bei starker Erschöpfung: Olive

Klammern: Chicory
Kleinlichkeit: Beech
Konfliktscheuheit: Agrimony
Konservativität: Centaury
Kontaktschwierigkeiten
- Aus Überheblichkeit: Water Violet
- Aus Schüchternheit: Larch

Konzentrationsschwierigkeiten: Scleranthus
Körpergefühl, negatives: Crab Apple
Kritiksucht
- Zu kritisch gegenüber anderen: Beech
- Zu kritisch gegenüber sich selbst: Pine

Kummer, tiefer: Star of Bethlehem

Labilität: Agrimony, Cerato
Langeweile, Erstarren in: Wild Rose
Launenhaftigkeit: Scleranthus
Leben in der Vergangenheit: Honeysuckle
Leichtsinn: Agrimony

Leistungsanspruch, übertriebener: Pine
Lethargie: Wild Rose
Liebeskummer
- Wenn der/die heiß Geliebte gerade Schluß gemacht hat und der Schock noch ganz frisch ist: Star of Bethlehem
- Wenn man Angst hat, daß sich der/die Verlassene in seiner Verzweiflung etwas antut: Cherry Plum
- Wenn man glaubt, daß das ganze Leben zerstört sei und man nie wieder glücklich sein könne: Sweet Chestnut, Gorse
- Wenn man sich durch die unglückliche Affäre beschmutzt fühlt: Crab Apple
- Wenn man glaubt, ganz allein die Schuld an der zerbrochenen Liebe zu tragen: Pine
- Wenn man von Rachephantasien erfüllt ist, die weit über das normale Maß hinausgehen: Holly
- Wenn man seinen Kummer hinter einer Fassade der Heiterkeit verbirgt: Agrimony
- Wenn man nur noch in der Erinnerung lebt: Briefe, Tagebücher, Fotos etc.: Honeysuckle
- Um den Loslösungsprozeß zu erleichtern: Walnut

Machthunger: Vine
Manipulierendes Verhalten: Chicory
Migräne
- Wenn es in der Familie ein Problem ist, Gefühle zu zeigen: Agrimony, Cherry Plum, Water Violet
- Wenn Neid und Feindseligkeit, die gegen sich selbst gerichtet werden, die Ursache sind: Holly
- Wann jemand sehr ehrgeizig ist: Rock Water
- Wenn jemand stark erfolgsorientiert ist: Vine, Vervain, Water Violet, Rock Water
- Wenn man zum Perfektionismus neigt: Crab Apple, Pine, Rock Water
- Wenn man sich überfordert fühlt und ständig in Angst lebt,

Anforderungen nicht gewachsen zu sein: Olive, Elm, Centaury, Larch
- Wenn man dazu neigt, sich selbst für sein »Versagen« bestrafen zu wollen: Pine, Larch, Cherry Plum
- Wenn man die Migräne häufig als Vorwand benutzt, um seine Arbeit nicht zu machen: Hornbeam
- Wenn man zu sehr »im Kopf« ist: Crab Apple, Rock Water
- Wenn man seine Verpflichtungen zu ernst nimmt: Oak

Minderwertigkeitskomplexe
- Wenn man sich selbst nichts zutraut: Larch
- Wenn man immer glaubt, an allem schuld zu sein: Pine
- Wenn man leicht errötet und sich dafür erst recht schämt: Mimulus, Larch, Pine
- Wenn man sich im Beruf, beim Spielen oder in der Schule allzu willig unterordnet: Larch, Centaury
- Wenn man auf dem besten Wege ist, sich zum Jasager zu entwickeln: Centaury
- Wenn sich jemand zu leicht beeinflussen läßt: Cerato
- Wenn einer zu sehr klammert: Chicory, Chestnut Bud
- Wenn man sich zurückzieht, weil man sich häßlich, plump oder pickelig findet: Crab Apple
- Wenn einer sich absolut nichts zutraut: Gentian
- Wenn einer sich jeden Schuh anzieht: Larch, Pine

Mißbrauch, sexueller

Wenn ein Kind oder eine Frau sexuell mißbraucht wurde, so läßt sich das Problem sicher nicht allein mit Bachblüten lösen. Aber in akuten Situationen oder als Rahmenbehandlung können Sie die folgenden Essenzen verwenden:
- Wenn das Opfer vor Entsetzen erstarrt ist: Rock Rose, Rescue
- Gegen den seelischen Schock: Star of Bethlehem oder Rescue
- Wenn das Opfer sich an dem, was geschehen ist, schuldig fühlt: Pine
- Wenn es sich vor sich selbst ekelt und sich beschmutzt fühlt: Crab Apple

– Wenn es vor allen Männern Angst hat: Mimulus, Aspen
– Wenn es Verdrängungsmechanismen zeigt: Agrimony
– Gegen die Unfähigkeit, sich zur Wehr zu setzen: Centaury
Missionieren: Vervain
Moralvorstellungen, überzogene
– Erwartet zuviel von sich selbst und von anderen: Rock Water
Morgenmuffel: Hornbeam

Nachgiebigkeit, übertriebene: Centaury
Nachtragen: Chicory
Nägelkauen
– Wenn man sich selbst durch die kurzen Nägel »wehrlos« machen will: Centaury, Larch, Pine
– Wenn man Angst vor Ablehnung hat: Willow, Mimulus
– Bei extremer Schüchternheit und Unsicherheit: Larch
– Wenn man wegen des Nägelkauens Schuldgefühle hat: Pine
– Wenn das Nägelkauen der alleinige Tröster gegen Einsamkeit ist: Star of Bethlehem
– Wenn man gern freiwillig mit dem Nägelkauen aufhören möchte und es allein nicht schafft: Gorse, Cerato
– Wenn man Angst vor einer Prüfung oder einer Klassenarbeit hat: Elm, Gentian, Larch
– Wenn man mit dem Nägelkauen in eine frühkindliche Phase zurückkehrt: Honeysuckle
– Gegen Aggressivität und selbstzerstörerische Tendenzen: Holly, Pine
Naivität: Chestnut Bud
Neid: Holly
Nervosität: Impatiens
Neuanfang
– Beim Eintritt in eine neue Lebensphase: Walnut
Neurodermitis
– Wenn man das Gefühl hat, ein ungewolltes Kind zu sein: Larch, Pine, Star of Bethlehem

- Wenn man sich häßlich und »schmutzig« fühlt: Crab Apple
- Wenn man Haß auf sich selbst empfindet: Holly
- Wenn man völlig verzweifelt ist: Rescue, Gentian, Gorse, Sweet Chestnut
- Wenn man im Selbstmitleid ertrinkt: Willow
- Gegen den unerträglichen Juckreiz: Rescue-*Salbe* (die Crab Apple enthält; auch eine Lotion aus Crab Apple und Rescue, mit lauwarmem Wasser vermischt und auf die juckenden, entzündeten Hautpartien getropft, verschafft in vielen Fällen umgehend Erleichterung)

Nicht nein sagen können: Centaury
Nostalgie: Honeysuckle
Notfälle aller Art: Rescue
Null-Bock-Gefühl: Wild Rose

Oberflächlichkeit
- Aus Desinteresse: Chestnut Bud, Heather
- Aus Ungeduld: Impatiens
- Aus Mangel an Selbstvertrauen: Cerato

Opportunismus: Chicory
Ordnungsliebe, übertriebene: Crab Apple

Panik: Rock Rose
Passivität: Wild Rose
Pavor nocturnus (nächtliche Panikattacken): Rock Rose
Pedanterie: Crab Apple
Perfektionismus: Rock Water, Vervain
Pessimismus: Gentian
Pflichtbewußtsein, Mangel an: Wild Rose, Cerato
Pickel: Crab Apple
Pingeligkeit, übertriebene Genauigkeit: Crab Apple
Prinzipienreiterei: Rock Water
Provozieren, Neigung zum: Beech, Vine

Prüfungsangst
- Wenn die Angst zu versagen riesengroß ist: Mimulus, Larch
- Wenn der selbstauferlegte Leistungsdruck unerträglich ist: Rock Water
- Wenn das Selbstvertrauen eine Spritze braucht: Elm, Larch
- Gegen Mutlosigkeit und das Gefühl »Das klappt ja sowieso nicht!«: Gentian, Elm
- Gegen die Schwierigkeiten, sich zu konzentrieren: White Chestnut

»Prüfungsmischung«
- Die klassische »Prüfungsmischung« besteht aus Elm, Gentian, Larch, Mimulus und White Chestnut

Prügelknabe
- Wenn ein Kind unter starken Minderwertigkeitskomplexen leidet: Larch
- Wenn es das Gefühl hat, alles falsch gemacht zu haben: Pine
- Wenn es sich aus verletztem Stolz völlig zurückzieht: Water Violet
- Wenn es vor Kummer zu resignieren droht: Wild Rose
- Wenn es sich davor fürchtet, zur Schule zu gehen: Mimulus, Hornbeam
- Wenn es völlig verzweifelt ist: Sweet Chestnut
- Wenn es bis zur Erschöpfung arbeitet, um Leistung zu zeigen: Oak

Psychosen, Neigung zu: Chery Plum

Psychoterror, Neigung zu: Chicory

Pubertät
- Bei der Neigung, vor anderen immer eine Maske zu tragen: Agrimony
- Bei der Neigung, das Essen herunterzuschlingen: Scleranthus
- Bei der Neigung, den Willen der anderen niederzuwalzen: Vine
- Bei der Tendenz, sich selbst zu kasteien: Rock Water
- Bei Eifersucht, Geschwisterneid, Rivalität: Holly

- Bei Entscheidungen im Berufsleben: Wild Oat
- Bei Entscheidungsschwierigkeiten: Scleranthus
- Bei extremer Neigung zu Rebellion, Kampf gegen Autoritäten: Holly, Vine, Vervain
- Bei exzessiver Masturbation: Heather
- Bei Fixierungen auf Unreines und Unvollkommenes: Crab Apple
- Bei Haß, Neid, Eifersucht: Holly
- Bei Konflikten im Zusammenleben mit Gleichaltrigen: Beech, Holly
- Bei länger anhaltenden Krankheiten: Wild Rose
- Bei Liebeskummer: Sweet Chestnut
- Bei Menstruationsstörungen: Crab Apple, Walnut
- Bei Minderwertigkeitskomplexen und fehlendem Selbstwertgefühl: Larch
- Bei nervöser Erschöpfung: Vervain, Hornbeam
- Bei Null-Bock-Gefühl: Hornbeam
- Bei Pickeln, dem Gefühl häßlich zu sein: Crab Apple
- Bei starken Stimmungsschwankungen: Scleranthus
- Bei Stimmbruch, allgemeiner Unsicherheit und Unzufriedenheit: Cerato
- Bei übertriebener Angst vor Schadstoffen in der Nahrung: Crab Apple
- Bei übertriebenem Dominanzstreben: Vine
- Bei Verharren in der Vergangenheit: Honeysuckle
- Bei zu hohen Anforderungen an sich selbst: Elm
- Bei Zynismus, Apathie, Feindseligkeit: Vine, Beech

Puritanismus: Rock Water
Putzfimmel: Crab Apple

Quengeln
Für das quengelige Kind:
- Wenn das Kind quengelig ist, weil es im Mittelpunkt stehen möchte: Chicory, Heather

- Wenn es quengelt, weil es keine Geduld hat: Impatiens
- Wenn es auf Knopfdruck Tränen produzieren kann, um die Eltern zu erpressen: Chicory
- Wenn es große Schwierigkeiten hat, nur kurze Zeit von den Eltern getrennt zu sein: Red Chestnut
- Wenn Ihr Kind Sie mit seinem Quengeln tyrannisiert und auch sonst keinen Widerspruch duldet: Vine
- Wenn es quengelt, weil es sich immer als armes ungeliebtes Opfer fühlt: Willow
- Wenn es quengelt, weil es ständig raus will: Vervain

Für genervte Eltern:
- Wenn Sie in Gefahr sind, die Geduld zu verlieren: Impatiens

Rachsucht: Chicory
Rastlosigkeit: Impatiens
Realitätsflucht
- In Traumwelten: Clematis
- Wenn man sich hinter einer Maske versteckt: Agrimony

Rechthaberei: Holly, Rock Water
Richtungslosigkeit: Wild Oat
Rüpelhaftigkeit: Holly

Schadenfreude: Holly
Scheidung
Für die geschiedenen Partner:
- Um den Eintritt in eine neue Lebensphase harmonisch zu gestalten: Walnut
- Gegen das Gefühl, versagt zu haben und an der Auflösung der Familie schuldig zu sein: Pine
- Gegen Trauer und Schock: Star of Bethlehem, Sweet Chestnut
- Gegen die Bitterkeit und das Gefühl, betrogen worden zu sein: Willow
- Gegen Haßgefühle und Eifersucht auf den Nachfolger/die Nachfolgerin: Holly

- Gegen die Angst, es alleine nicht zu schaffen: Mimulus
- Wenn immer und immer auf demselben Thema herumgeritten wird: Heather
- Gegen Verzweiflung und Resignation: Sweet Chestnut

Für das Kind:

- Wenn es glaubt, die Trennung der Eltern sei seine Schuld: Pine
- Um die Gewöhnung an die reduzierte Familie und die veränderte Umgebung zu erleichtern: Walnut
- Gegen Einsamkeit, Verzweiflung und Schock: Star of Bethlehem, Mustard
- Wenn es sich aus Mitleid mit der Mutter nicht traut, seine Trauer zu zeigen: Agrimony
- Gegen Verunsicherung und Zukunftsangst: Aspen, Mimulus
- Wenn es immer daran denkt, wie wunderbar die Vergangenheit war: Honeysuckle
- Wenn es immer den Vater ersetzen will: Red Chestnut

Schlafstörungen

Bei Erwachsenen:

- Bei Einschlafstörungen und Durchschlafstörungen infolge von Problemen: White Chestnut
- Wenn einen nachts die Gedanken einholen, die man tagsüber hinter einer Maske der Heiterkeit verbirgt: Agrimony

Bei Kindern:

- Wenn das Kind nicht schläft, weil es unter Druck steht: Cherry Plum
- Wenn es völlig überdreht ist: Vervain
- Wenn es vor Angst nicht schlafen kann: Mimulus, Rock Rose
- Wenn das Kind klammert und nie allein ins Bett gehen mag: Clematis, Chicory, Heather
- Wenn das Kind jeden Abend zur Schlafenszeit Terror macht: Holly
- Wenn die Schlafenszeit zum Machtkampf wird: Vine
- Wenn das Kind nicht schläft, weil es ein schlechtes Gewissen hat: Pine

– Wenn es nicht abschalten kann: White Chestnut, Rock Rose
Für gestreßte Eltern:
– Wenn Sie sich Sorgen machen, daß Ihr Kind zu wenig Schlaf bekommt: Red Chestnut
– Wenn Sie Angst haben, alles falsch zu machen: Mimulus, Pine
– Gegen Erschöpfung durch kurze Nächte: Olive
– Wenn Sie überängstlich sind: Red Chestnut, Mimulus
Schlafwandeln: Aspen
Schock
– Noch nicht verkrafteter Schock: Star of Bethlehem
– Bei akutem Schock: Rock Rose
– In allen Notfällen: Rescue
Schönfärberei: Agrimony
Schüchternheit
– Wenn Ihr Kind nicht mit anderen spielen mag und immer an Ihrem Rockzipfel hängt: Chicory, Honeysuckle
– Wenn jemand sich selbst rein gar nichts zutraut: Larch
– Wenn man sich vor jemand Bestimmten fürchtet (Chef, Arzt, Zahnarzt, Lehrer etc.): Mimulus
– Wenn man durch seine Schüchternheit in Gefahr ist, arrogant zu wirken: Water Violet
– Wenn sich hinter der Schüchternheit Resignation verbirgt: Sweet Chestnut
Schuldkomplexe: Pine
Schulschwierigkeiten
Für die Eltern:
– Wenn Sie zuviel erwarten: Impatiens, Beech
Für das Kind:
– Wenn das Kind jeden Morgen mit Angst und Unwillen zur Schule geht: Gentian, Mimulus
– Wenn das Kind Angst hat zu versagen: Mimulus, Larch
– Wenn das Kind absolut kein Selbstvertrauen hat: Larch
– Wenn die Trennung von der Mutter noch schwerfällt: Honeysuckle, Chicory

- Wenn das Kind von den Mitschülern abgelehnt oder gehänselt wird: Beech, Vine
- Wenn das Kind Probleme hat, sich zu konzentrieren: Chestnut Bud, White Chestnut
- Wenn es zu Flüchtigkeitsfehlern neigt: Impatiens
- Wenn es den Klassenclown spielt: Agrimony
- Wenn es andere Kinder ablehnt oder hänselt: Beech und Vine
- Für einen guten Start ins Schulleben: Walnut
- Wenn das Kind in eine neue Schule überwechselt: Walnut
- Wenn sich Ihr Kind nicht durchsetzen kann: Cerato, Larch
- Gegen übertriebenen Ehrgeiz: Rock Water
- Wenn es morgens nie aufstehen mag: Hornbeam
- Wenn sich das Kind ständig überfordert: Elm
- Wenn es mit seinen Gedanken meistens ganz woanders ist: Clematis
- Wenn es altklug und ein ständiger Besserwisser ist: Beech

Schwangerschaft

- Gegen den Schock, wenn die Schwangerschaft ungeplant war: Star of Bethlehem
- Um sich an den veränderten Zustand zu gewöhnen: Walnut
- Bei morgendlicher Übelkeit und Erbrechen: Crab Apple
- Wenn man Angst vor der neuen Verantwortung hat: Mimulus
- Bei Angst vor der Entbindung: Mimulus
- Bei starken Stimmungsschwankungen (himmelhoch jauchzend …): Scleranthus

Schwarzsehen: Elm, Gorse

Schwarzsehen, chronisches: Gentian

Schwatzhaftigkeit: Heather

Selbstvertrauen, Mangel an: Larch

Selbstgefälligkeit: Water Violet

Selbstmitleid

- »Immer ich!«: Willow
- Wegen enttäuschter Erwartungen: Chicory

Selbstmordgedanken
- Wenn man mit seinen Schuldgefühlen nicht fertig wird: Pine
- Wenn man das Gefühl hat, mit der Last des Lebens nicht mehr fertig zu werden: Elm, Larch, Centaury, Sweet Chestnut
- Wenn man aus philosophischen Betrachtungen heraus Lebensüberdruß hat: Clematis
- Wenn die Traurigkeit wie ein schwarzes Tuch über der Seele liegt: Sweet Chestnut, Gorse, Mustard
- Wenn man nach einer Schocksituation wie gelähmt ist: Star of Bethlehem

Selbstüberforderung: Oak
- Wenn man der eigenen inneren Stimme nicht traut: Cerato
- Um zu seinen Entscheidungen zu stehen: Scleranthus

Selbstwertgefühl, zeitweise reduziertes: Elm
Selbstzerstörung, Neigung zu: Cherry Plum
Selbstzweifel: Elm
Sexualität
- Moralische Skrupel: Cherry Plum
- Schuldgefühle aufgrund restriktiver Erziehung: Pine
- Man läßt sich in sexueller Beziehung ausnutzen: Red Chestnut
- Probleme aufgrund eines Schockerlebnisses (Vergewaltigung, Mißbrauch etc.): Star of Bethlehem
- Wenn man Sex für »schmutzig« hält: Crab Apple

Sicherheitsbedürfnis, übertriebenes: Cerato
Skrupellosigkeit: Vine
Snobismus: Water Violet
Sorgenmacherei, chronische: Red Chestnut
Spottlust: Beech
Sprachstörungen
- Wenn das Stottern eine Folge von Angst, Unterdrückung, Schock oder Anspannung ist: Agrimony, Mimulus, Star of Bethlehem
- Um den Grund der inneren Anspannung zu erfahren und zu lösen: Beech, Cherry Plum, Vine, Vervain

- Wenn das Stottern ganz plötzlich beginnt: Elm, Mustard, Star of Bethlehem
- Gegen die Hoffnungslosigkeit und das Gefühl »Ich lerne es sowieso nie, richtig zu sprechen«: Chestnut Bud, Gorse
- Wenn unterdrückte Gefühle die Ursache des Stotterns sind: Agrimony, Chestnut Bud, Cherry Plum
- Gegen die Angst vorm Sprechen: Mimulus
- Wenn das Kind stottert oder sich verhaspelt, weil es Angst hat, daß es gegenüber den sprachgewandteren Größeren sonst nicht zu Wort kommt: Mimulus, Impatiens
- Zur Steigerung des Selbstwertgefühls: Larch
- Gegen die übergroße Nervosität vorm Sprechen: Impatiens

Sprunghaftigkeit: Scleranthus
Starallüren: Water Violet
Starrheit: Rock Water
Starrköpfigkeit: Rock Water
Stiefeltern
Für die Eltern:

- Wenn Sie um des lieben Friedens willen alles schlucken und meinen, immer gute Miene zum bösen Spiel machen zu müssen: Agrimony
- Wenn die neuen Stiefeltern das Gefühl haben, immer nur ausgenutzt zu werden: Centaury
- Wenn Sie verzweifelt sind, weil Sie glauben, gegenüber dem echten Elternteil keine Chance zu haben: Sweet Chestnut, Star of Bethlehem
- Wenn Sie aus Übereifer alles falsch machen: Vervain
- Wenn Sie kapitulieren wollen: Chestnut Bud, Elm, Gentian, Gorse, Hornbeam, Wild Rose
- Wenn Sie glauben, daß Sie allein die Schuld an den Schwierigkeiten tragen: Pine
- Für einen guten Neuanfang: Walnut
- Wenn Sie verbittert sind, weil Sie glauben, alle wären gegen Sie: Willow

- Wenn Sie völlig verunsichert sind: Cerato
- Wenn Sie zu übertriebener Fürsorge neigen: Red Chestnut

Für das Kind:

- Für einen positiven Neubeginn: Walnut
- Wenn es so tut, als wäre es mit der neuen Situation einverstanden, aber innerlich sehr leidet: Agrimony
- Wenn es ständig von dem abwesenden Elternteil spricht und diesen völlig idealisiert: Clematis, Honeysuckle
- Wenn es glaubt, an der Trennung der Eltern mitschuldig zu sein: Pine
- Wenn es eifersüchtig auf den neuen Partner ist: Holly
- Wenn es dem neuen Partner keine Chance gibt: Holly
- Wenn es über die neue Ehe zutiefst verzweifelt ist: Star of Bethlehem
- Wenn es sich in dem Gefühl, das fünfte Rad am Wagen zu sein, völlig zurückzieht: Larch, Star of Bethlehem, Water Violet
- Wenn es meint, niemand habe es mehr lieb: Chicory, Heather
- Wenn es verbittert ist, weil es das Gefühl hat, die Mutter hielte immer zu ihrem neuen Mann: Willow

Stillprobleme

- Bei großer Erschöpfung: Olive
- Bei dem Gefühl, unfähig zum Stillen zu sein: Larch
- Bei Schuldgefühlen gegenüber den größeren Kindern: Pine
- Bei dem Gefühl, überfordert zu sein: Elm
- Wenn die Milch ausbleibt: Olive, Pine, Larch, Impatiens, Mimulus

Stimmungsschwankungen: Scleranthus

Stimmungstief ohne erkennbaren Grund: Mustard

Stolz, falscher: Water Violet

Sturheit: Rock Water

Sucht

- Um wahre Gefühle zu verbergen: Agrimony
- Gegen Nervosität und die verzweifelte Sehnsucht nach »Stoff« bei Entzug: Chestnut Bud

- Um Kraft zu bekommen, sich aus der Sucht zu befreien: Oak, Larch
- Gegen den Selbstekel: Crab Apple, Pine
- **Sündenbock:** Pine

Tagträume
- Flucht in die Erinnerungen, Verklärung der Vergangenheit: Honeysuckle
- Flucht vor der trüben Gegenwart in die glorreiche Zukunft: Clematis

Taktlosigkeit, ins Fettnäpfchen treten: Vervain
Tierquälerei: Holly
Tod
- Bei dem Schock in Verbindung mit einer Hiobsbotschaft: Star of Bethlehem
- Um seinen Frieden mit der Welt machen zu können: Holly
- Gegen die Angst vor dem Tod, der Auflösung: Rock Rose
- Gegen die Bitterkeit darüber, daß andere weiterleben dürfen: Willow
- Um den Übertritt in eine andere Welt leichter zu machen: Walnut

Trägheit: Honeysuckle
Traumtänzerei: Clematis
Trödeln
- Wenn man keinerlei Zeitgefühl hat: Hornbeam
- Wenn man trödelt, weil man sich überfordert fühlt: Elm
- Wenn man mit einem Bummelstreik auf übertriebene Forderungen reagiert: Wild Rose
- Wenn hinter der Bummelei eine unausgesprochene Bitte um Zuwendung steckt (»mich gibt's auch noch«): Chicory
- Wenn man Angst vor der Schule, dem Büro, dem Zahnarzt etc. hat: Mimulus
- Bei veränderter Interessenlage, wenn z. B. Schönheit (bei Teenagern) wichtiger ist als Schule: Chestnut Bud

- Wenn ein kleines Kind gemerkt hat, daß es mit dem Trödeln die gesamte Familie beherrschen kann: Vine
- Wenn das Kind die Rolle als Nesthäkchen genießt und möglichst lange klein bleiben will: Chicory, Heather
- Wenn man so gründlich und penibel ist, daß man für alles unendlich viel Zeit braucht: Crab Apple
- Wenn hinter der ständigen Trödelei schlicht und einfach Egoismus oder Rücksichtslosigkeit stecken: Heather, Vine
- Wenn jemand von Natur aus ein liebenswerter Traumtänzer ist: Clematis
- Wenn man grundsätzlich alles Unwichtige zuerst macht und dann für das Wichtige keine Zeit mehr übrig hat: Hornbeam

Trotzphase

Für das Kind:

- Wenn es ausrastet, weil ihm etwas nicht so gelingt, wie es sich das vorgestellt hat, z. B. Schuhe anziehen: Impatiens
- Wenn es ausflippt, weil es etwas auf der Stelle haben möchte: Chicory
- Wenn es vor Zorn die Blumenvase zerschmettert: Holly
- Wenn es sich in seiner Wut selbst weh tut: Rock Water
- Wenn es Mutter, Vater oder die Geschwister tyrannisiert: Holly, Vine
- Wenn es sich in seiner Wut übermäßig produziert: Beech, Holly

Für die Eltern:

- Wenn Sie an die Grenzen der Geduld geraten: Impatiens
- Wenn Sie denken, Sie hätten mit der Erziehung alles falsch gemacht: Pine
- Wenn Sie nach außen lächeln, aber innerlich zu platzen drohen: Agrimony
- Bei zu wenig Gelassenheit und Mangel an Verständnis: Beech, Holly
- Wenn alle Stricke reißen: Ein paar Tropfen Rescue für das tobende Kind und die verzweifelte Mutter schaffen fast umgehend Frieden – bis zum nächsten Mal!

Tyrannei: Vine, Beech

Überaktivität: Vervain
Überangepaßtheit: Rock Water
Übereifer: Vervain
Überempfindlichkeit: Water Violet
Überforderung, Gefühl der: Olive, Hornbeam, Elm
Überheblichkeit: Water Violet
Überkorrektheit: Rock Water
Übermutter, übertriebene Fürsorge: Red Chestnut, Chicory
Übersensibilität: Aspen
Übertrieben soziales Verhalten: Centaury
Übertriebene Anforderungen an sich selbst: Rock Water
Übertriebene Anpassungsfähigkeit: Centaury, Cerato
Übertriebene Selbstzweifel: Elm, Gentian
Übertriebener Ehrgeiz: Rock Water
Umzug
- Wenn einem das Herz bricht, weil man sich von der gewohnten Umgebung trennen muß: Walnut, Honeysuckle
- Um die Ablösung zu erleichtern und den Neubeginn positiver zu gestalten: Walnut
- Wenn ein Kind in der neuen Umgebung schüchtern und unsicher ist: Walnut
- Wenn man nicht weiß, wo man zuerst mit dem Auskundschaften der neuen Umgebung anfangen soll: Wild Oat
- Wenn ein Familienmitglied aus Rücksichtnahme zu verbergen versucht, wie verzweifelt es ist: Sweet Chestnut, Agrimony
- Für mehr Selbstvertrauen und Zuversicht: Larch
- Wenn man tieftraurig und mutlos ist: Gentian
- Wenn man Angst in der neuen Umgebung hat: Mimulus
- Wenn die neue Umgebung einen völlig verunsichert: Scleranthus

Unaufmerksamkeit: Chestnut Bud
Unausgeglichenheit: Scleranthus

Unentschiedenheit, chronische: Cerato
Unentschlossenheit: Scleranthus
Ungeduld: Impatiens
Unnachgiebigkeit (eiserne Härte): Rock Water
Unpraktisch, zwei linke Hände: Clematis
Unsicherheit
– Aufgrund von Rückschlägen: Gentian
– Weil man glaubt, immer alles falsch zu machen: Pine
– Aus Mangel an Selbstvertrauen: Larch
– Weil man sich nie allein entscheiden kann: Scleranthus
Unterwürfigkeit: Centaury
Unzuverlässigkeit
– Wenn man rasch zusagt, aber genauso schnell wieder vergißt: Scleranthus
– Wenn man nicht nein sagen kann und sich deshalb übernimmt: Centaury

Verbitterung, chronische: Willow
Vergeßlichkeit: Chestnut Bud
Verspannungen
– Wenn man sich verkrampft, um nach außen hin stets heiter zu scheinen: Agrimony
Verstopfung
– Wenn man die Zähne zusammenbeißt, um seine wahren Gefühle zu verbergen: Agrimony
Verzagtheit: Elm
Verzetteln: Wild Oat, Scleranthus
Verzweiflung
– Wenn man die Hoffnung aufgegeben hat: Gorse
– Nach einem Schock: Star of Bethlehem
– Plötzlicher Anfall: Mustard
– Vor Prüfungen: Rescue

Wankelmut: Cerato, Scleranthus
Weltschmerz: Mustard
Wetterwendigkeit: Cerato
Wichtigtuerei: Heather
Wut im Bauch: Holly

Zahnarztbesuch
- Wenn man vor Schmerzen und Angst in Panik gerät: Rock Rose, Rescue
- Wenn jemand vor Schmerzen grantig, ungeduldig und unleidlich ist: Impatiens, Holly
- Wenn ein Kind sich trotz aller psychischen Vorbereitung durch die Eltern im Zahnarztstuhl entsetzlich fürchtet: Cherry Plum, Mimulus, Rock Rose
- Wenn voraussichtlich ein Zahn gezogen werden muß: Walnut, Star of Bethlehem
- Wenn man vor Schmerzen völlig apathisch ist: Wild Rose
- Wenn ein Kind weint und nicht von Mamas Arm (oder Schoß) weichen will: Heather

Zaudern: Scleranthus
Zerrissenheit, Gefühl von: Scleranthus
Zukunftsängste: Aspen
Zwangsbeglückung, Neigung zu: Vervain
Zwanghaftigkeit: Cherry Plum, Beech, Rock Water

Der Umgang mit den Blütenessenzen: praktische Tips

Wo bekommt man Bachblüten?

Dr. Bachs Wunsch, daß seine Blütenessenzen ein so selbstverständlicher Bestandteil unseres Lebens seien wie Butter und Eier und genauso unkompliziert erhältlich, ging in England relativ schnell in Erfüllung. Jeder britische Drugstore, jedes Reformhaus, jeder Naturkostladen hat die Blüten in seinem Sortiment, und jedermann kann sie dort für relativ wenig Geld kaufen. In Deutschland war die Sache bis vor wenigen Jahren weitaus komplizierter. Offiziell galten die Blüten als Arzneimittel, und deshalb durften sie ausschließlich in Apotheken und nur gegen ärztliches Rezept abgegeben werden. Nicht einmal Heilpraktiker konnten die Blüten verordnen, zumindest nicht offiziell. Wenn man weiß, wie ablehnend oder sogar feindlich die meisten Schulmediziner bis noch vor wenigen Jahren allen alternativen Methoden gegenüberstanden, ist es ein Wunder (und ein Beweis für ihre Wirkung!), daß die Blütentherapie in Deutschland so bekannt geworden ist. Doch mittlerweile stehen nicht nur viele Ärzte den alternativen Therapieformen wesentlich aufgeschlossener gegenüber, auch die Gesetzgebung ist etwas lockerer geworden. Wir müssen zwar immer noch in eine Apotheke gehen, wenn wir Bachblüten haben möchten, aber dort bekommen wir die Blüten problemlos ohne Rezept. Allerdings sind sie bei uns nach wie vor um vieles teurer als beispielsweise in England. Es wird noch ein langer Weg sein, bis Dr. Bachs Wunsch in Erfüllung geht, daß seine Heilmittel überall für einen Pfennigbetrag erhältlich sind, damit sich jeder mit ihrer Hilfe das Leben leichter und angenehmer machen kann.

Zubereitung und Dosierung

Sie haben zwei Möglichkeiten:

1. Sie gehen in eine Apotheke, nennen die Blütenessenzen, die Sie ausgewählt haben (in der Regel drei bis fünf), und bitten darum, daß man daraus Ihre persönliche Blütenmischung zusammenstellt. Daraufhin bekommen Sie die sogenannte Einnahmeflasche, die in der Regel 30 ml der von Ihnen ausgewählten Mischung enthält.
2. Sie kaufen in der Apotheke die Bachblüten Ihrer Wahl in den sogenannten Stock Bottles, Vorratsfläschchen, die jeweils 10 ml der Blütenessenz als Konzentrat enthalten, sowie eine Einnahmeflasche (30 ml) mit Pipette oder Tropfer und bereiten selbst Ihre persönliche Mischung zu. Das geht so:

Zubereitung der Mischung

Geben Sie von jeder Essenz zwei Tropfen in die gründlich gereinigte Flasche. Füllen Sie das Fläschchen dann zu drei Vierteln mit stillem Mineralwasser und zu einem Viertel mit 45prozentigem Alkohol auf. Der Alkohol ist notwendig, um die Blütenmischung haltbar zu machen. Für Kinder oder auch für Erwachsene, die keinen Alkohol vertragen, wird empfohlen, anstelle des Branntweins Obstessig zu verwenden. Schrauben Sie den Deckel fest zu und schütteln Sie das Fläschchen einige Male vorsichtig. Bei Zimmertemperatur hält die Mischung ca. vier Wochen.

Einnahme: Wie oft, wieviel, wie lange?

In der Regel wird empfohlen, viermal täglich vier Tropfen aus der Einnahmeflasche zu nehmen, am besten in ein wenig Flüssigkeit. Das kann Wasser sein, Saft oder auch ein Kräutertee. Wichtig ist, daß Sie die Flüssigkeit ganz bewußt einnehmen, ein paar Sekunden lang im Mund behalten und sich dabei vorstellen, daß Sie die heilenden Schwingungen der Pflanze nun in sich aufnehmen.

Einnahme direkt aus der Stock Bottle

Wenn Sie keine Einnahmeflasche haben oder wenn es besonders eilt, können Sie die Essenzen auch direkt aus der Originalflasche einnehmen. Geben Sie zwei Tropfen der konzentrierten Essenz in ein Glas Wasser, und trinken Sie im Laufe des Tages immer wieder einen Schluck davon. Im Notfall können Sie auch zwei Tropfen direkt unter die Zunge geben (aus Gründen der Hygiene die Zunge dabei möglichst nicht mit der Pipette berühren!).

Die Wirkung ist absolut gleich. Allerdings ist die Einnahme aus der Originalflasche um einiges teurer. Mit den zwei Tropfen, die Sie pro Tag daraus entnehmen, können Sie eine Einnahmeflasche zubereiten (siehe oben), die einige Wochen hält.

Kinder erhalten die gleiche Dosis wie Erwachsene.

Andere Einnahmeformen

Sicher ist die Einnahme von Tropfen aus der Einnahmeflasche (oder direkt aus der Stock Bottle) die klassische Art. Aber zusätzlich oder alternativ dazu haben sich auch andere Anwendungsformen als erfolgreich erwiesen:

Das Bachblütenbad

Bachblütenanhänger schwören auf die heilende Wirkung eines Vollbads mit der geeigneten Blütenmischung. Das heiße Badewasser und die damit verbundene Entspannung, so heißt es, schwemmen die Probleme und seelischen Mißstimmungen buchstäblich heraus, die heilenden Energien der Blüten können ihre heilende Wirkung nun ganz besonders intensiv entfalten. Geben Sie zwei bis drei Tropfen aus der Stock Bottle (oder sechs bis acht aus der Einnahmeflasche) ins warme Badewasser.

Bachblütenmassage

Vermischen Sie vier Tropfen der Bachblütenmischung mit 20 ml Jojobaöl, Sesamöl oder einer neutralen Hautlotion, und reiben Sie sich – oder Ihrem »Patienten« – damit sanft Fontanelle,

Schläfen, Handgelenke oder den Solarplexus ein, außerdem Schultern, Nacken und Oberarme. An diesen Punkten kann der Körper die heilenden Energien besonders gut aufnehmen.

Bachblütenspray
Füllen Sie eine Sprühflasche (ideal sind 100 ml) zu drei Vierteln mit stillem Mineralwasser, geben Sie ein Viertel 45prozentigen Alkohol und vier Tropfen aus der Stock Bottle hinzu (oder acht bis zwölf aus der Einnahmeflasche), und sprühen Sie damit den Raum aus, in dem sich der »Patient« häufig aufhält. So erreichen ihn die heilenden Energien auch dann, wenn er sich gegen die Einnahme von Bachblüten sträubt. Übrigens: Bei Babys reicht es oft völlig aus, wenn man ihnen die Flasche mit den Bachblüten ins Bettchen legt!

Die Einnahme der Rescue-Tropfen
Bei den Notfalltropfen hängt die Einnahme ganz von der Situation ab. Wenn genügend Zeit besteht, geben Sie am besten vier Tropfen in ein Glas Wasser und trinken das Glas aus bzw. geben es demjenigen, der die Tropfen benötigt. Wenn Sie kein Glas Wasser zur Hand haben, ist es auch in Ordnung, wenn Sie die Tropfen unverdünnt aus der Flasche unter die Zunge geben. Falls jemand bewußtlos ist oder aus einem anderen Grund nicht schlucken kann, wirken die Wundertropfen auch dann, wenn man mit ihnen die Lippen benetzt oder Schläfen oder Handgelenke sanft damit massiert.

Rescue-Salbe – die Salbe für alle Notfälle
Außer den klassischen Notfalltropfen gibt es noch eine Salbe für äußerliche Verletzungen. Zusätzlich zu den fünf Essenzen der Rescue-Tropfen enthält sie Crab Apple, das Reinigungsmittel. Diese Salbe hat sich bei leichten Verbrennungen, Verstauchungen, Schnittwunden, Insektenstichen, Sonnenbrand etc. als äußerst hilfreich erwiesen.

Wie lange?
Das ist von Fall zu Fall verschieden. Manchmal setzt die Wirkung schon nach ein paar Stunden ein, aber meistens dauert es einige Wochen, bis der ersehnte Erfolg eintritt.

Wenn Sie spüren, daß die Tropfen helfen, haben Sie zwei Möglichkeiten: Entweder Sie entscheiden, daß Sie die Bachblüten nun nicht mehr brauchen, und setzen die Tropfen ab. In der Regel brauchen Sie keine Angst zu haben, daß Sie dann wieder in den alten Zustand zurückverfallen. Die Wirkung auf der energetischen Ebene hält auch dann an, wenn Sie die Tropfen nicht mehr nehmen.

Oder Sie freuen sich über den Erfolg und nehmen nach der Devise »Sicher ist sicher« die Tropfen noch so lange ein, bis die Einnahmeflasche aufgebraucht ist, in der Regel dauert das drei bis vier Wochen. Falls nötig, können Sie dann noch einen zweiten Einnahmezyklus beginnen. Sollten Sie merken, daß Sie im Laufe der Zeit die Einnahme der Tropfen immer häufiger vergessen, brauchen Sie kein schlechtes Gewissen zu haben. Ganz im Gegenteil: Das ist sogar ein gutes Zeichen dafür, daß Sie wieder im seelischen Gleichgewicht sind und die Bachblüten nun nicht mehr brauchen!

Literaturverzeichnis

Frankenberger, Anette: *Blütenessenzen für Schulkinder,* Knaur, 1995

Howard, Judy: *Growing up with Bach Flower Remedies,* Daniel, 1994

Howard, Judy: *Bach Flower Remedies for Women,* Daniel, 1992

Hyne Jones, T. W.: *Dictionary of the Bach Flower Remedies,* Daniel, 1976

Jacobs, Jennifer: *The Encyclopedia of Alternative Medicine,* Journey Editions, 1996

Leach, Penelope: *The Parents' A to Z,* Penguin Books, 1985

Leach, Penelope: *Baby and Child,* Penguin Books, 1977

Ramsell, John: *The Bach Flower Remedies,* Daniel, 1986

Schmidt, Sigrid: *Bachblüten für Kinder,* GU, 1994

Wenzel, Irmgard: *Heilen mit Blütenenergien,* Falken, 1991

Wenzel, Irmgard/Rachlitz, Jasmin: *Horoskop und Bachblüten,* Falken, 1997

Wheeler, F. J.: *The Bach Remedies Repertory,* Daniel, 1952

York, Ute: *Bachblüten für Kinder,* Midena, 1997

York, Ute: *Bachblütentherapie für Körper und Seele,* Bechtermünz, 1995

The Flower Essence Repertory, Flower Essence Society, 1986